AF596435

Paroles de Lumière

Angéline Billiau

Paroles de Lumière

Recueil

LE LYS BLEU
ÉDITIONS

ISBN : 979-10-377-9980-7

Sois un arbre

À la chère âme qui lit ce poème :
Sache que tu es un arbre.
Ton sang coule dans ton corps,
C'est ta sève.

Tes bras s'élèvent
Comme les branches
Qui courent vers le ciel.

Ta tête regarde le ciel,
Les nuages passent au-dessus de toi.

Tu es un enfant de la Terre.
Tu es l'enfant chéri de la Terre-Mère.
Aime ta planète comme un fils aime sa mère.

Comme ta mère, elle te nourrit.
Comme ta mère, elle est ton abri.
Comme ta mère, elle te berce.

L'air passe dans tes cheveux,
La brise agite doucement les branches de l'arbre.
La lumière s'infiltre dans les feuilles,
La lumière illumine la peau de ton visage.

De tes pieds partent des racines
Qui t'unissent à ta Terre.
Tu vis ici et maintenant.

Envoie ton amour à la Terre,
Elle en sera heureuse
Et tu sentiras son amour.

Nourris ce lien sacré qui t'unit
À la terre que tes pieds foulent
Depuis que tu as appris à marcher.

Les arbres sont tes frères.
Prends-les dans tes bras
Dis-leur que tu les aimes
Et tu sentiras alors votre lien sacré.

Ferme les yeux
Sens le parfum du pin,
De la terre humide,
Des fleurs.

Et si tu respires profondément
Par trois fois
Tu entendras ton calme intérieur
Tu apaiseras le temple de ton corps
Tu retrouveras le chemin de ton âme
Et de ton cœur.

Ferme les yeux
Écoute les oiseaux
Reste ainsi
Sans compter le temps
Dans le bonheur de l'instant présent
Dans le temps du cœur.

Voir la lumière

Chère âme,

Enfant béni de la Terre,
Enfant chéri du divin,
Apaise ton cœur affolé.

Garde les yeux fixés sur la lumière.
Une tempête s'abat sur nos têtes,
Bouscule notre bonheur,
Fait vaciller nos certitudes.

Dans le chaos, dans l'ombre grandissante,
Garde l'espoir.
L'impermanence est notre lot.

On a soufflé sur la bougie,
La lueur faiblit,
Reste une toute petite étincelle.

L'étincelle est dans ton cœur,
Fais-la grandir,
Attise les braises de ta joie.

La lumière reviendra,
Encore plus grande, encore plus forte,
La lumière triomphera.

Ne perds pas espoir,
Sois patient.
Soutiens les âmes faibles
En étant lumière toi-même.

La lumière est dans l'amour,
La lumière est dans le cœur,
La lumière est dans l'espoir.

Bientôt, nos âmes danseront
Sous le grand soleil de la fraternité.
Sèche tes larmes
Et entre dans la ronde du bonheur retrouvé.

Qu'avons-nous fait de notre cœur ?

Chères âmes,

La poétesse prit alors la parole
Et sa voix était douce et aimante
Telle la voix de notre mère bien-aimée.

L'histoire de l'Atlantide résonne en nous.
Écoute bien chère âme et tire les leçons qui s'imposent.
Mets à profit ce temps précieux dont tu disposes
Pour retrouver enfin le chemin de ton cœur.

Que nous dit Platon ?
Les Atlantes vécurent bénis des dieux
Et dans la sagesse de leur cœur
Ne manquèrent de rien
Vivant au milieu de palais somptueux.

Mais un beau jour, ils perdirent le chemin de leur âme,
Ils oublièrent la part divine en eux.
Ils n'écoutèrent plus que la part sombre
Et se laissèrent envahir par l'obscurité
Courant après plus de profit,
Plus de biens, plus de luxe.
Alors leur île disparut
Engloutie sous les eaux.

Que le silence prenne le pas maintenant en toi.
Écoute à l'intérieur de toi.
Écoute ton souffle,
Écoute ton corps,
Il te conduira à ton âme
Car il se souvient du chemin.

Écoute ton silence intérieur.
Reviens vers ton cœur
Et demande-toi :
Où est l'essentiel ?
Où est la vérité ?
N'est-ce pas en l'amour ?
N'est-ce pas dans mon cœur ?

Car si je m'aime,
Car si j'aime,
Alors je respecte.

Je me respecte.
Je respecte l'autre.
Je respecte la Terre-Mère.

L'amour en chacun de nous
Peut se retrouver après le pardon.
Pardonne-toi si tu peux,
Pardonne-leur si tu t'en sens capable.
Tu es un humain,
Tu as droit à l'erreur,
Ainsi en va-t-il de nous tous.

Mais aujourd'hui, il est urgent
De se centrer sur le cœur.

L’eau autrefois boueuse
Redeviendra claire comme le cristal.
Les cygnes vogueront à nouveau
Dans la cité vénitienne.

La nature reprendra ses droits
Et nous serons émerveillés
Devant tant de beautés oubliées.
Est-ce ce que tu veux,
Chère âme ?
Alors, retrouve en toi le chemin du divin.

La flamme divine est en chacun de nous.
À nous de la faire briller.
Envoie de l’amour dans ton cœur,
Et tu seras l’être complet heureux de sa complétude.

Laisse l'eau couler en toi

Chère âme,

Écoute la douce voix de la poétesse,
Elle se souvient des formules anciennes
Pour nous aider à retrouver la paix de l'âme.

Fais silence en toi,
Respire par trois fois,
Ferme les yeux
Et souviens-toi.

Quand tu fais nuit en toi
C'est là que tu vois le mieux.
Entends l'eau qui coule en toi
Comme un charmant ruisseau de montagne.

En toi, convoque l'eau apaisante
Son léger glouglou qui berce ton cœur,
Le bleu qui te tranquillise.
Tu retrouves la paix perdue
Et tu souris.

L’eau coule en toi,
L’eau est en toi.
Apporte-lui amour et joie :
L’eau embellira
Et t’aimera en retour.

Souviens-toi…
Souviens-toi de la mer qui scintille au soleil,
Tu te laisses flotter,
Tu retrouves la joie enfantine.

L’eau de la douche
Coule sur ton corps,
Chaude et purificatrice.

Souviens-toi des îles magiques
Où le rire est roi,
Où l’amour règne.
Souviens-toi des eaux cristallines
Où glissent les baleines, les tortues et les dauphins
Dans une nage lente et paisible.

Souviens-toi de l’île première
Où tu vécus heureuse,
Entourée de ta famille,
Dans la plénitude des peuples sages.

N’oublie jamais le cœur pur de l’âme,
Ne te laisse pas obscurcir par les noires illusions
Et si tu as perdu l’amour dans ton cœur,
Lave-le de l’eau pure du pardon,
Il n’est jamais trop tard.

Terre-Mère attend ses enfants au cœur pur,
Ses enfants au cœur plein d'amour.
Une magnifique déesse au cœur de mère
Souffle sur une barque.

L'arche tant attendue glisse sur le sable
Et les enfants pleins d'amour
Montent dans la barque,
Confiants et joyeux en leur lumière.

À l'horizon,
Des rivages prometteurs,
Une nouvelle Terre où vivre en harmonie.

Ne perds pas espoir, chère âme triste et apeurée.
Quand la peur envahit ton cœur,
Ferme les yeux
Et convoque en toi le lagon, la déesse, l'arche et l'espoir.

Éloge du silence

Chère âme,

Écoute les conseils de la poétesse
Qui te prend doucement par la main
Et te ramène au chemin perdu.
Tu y retrouves ton âme,
Ton cœur
Ta paix intérieure.

Respire profondément par trois fois.
Regarde défiler tes pensées.
Ta voix intérieure ne se tait pas
Et crée en toi un brouillard opaque.
Alors tu perds le chemin de la paix.

Mais tu peux le retrouver.
Regarde : une petite bougie luit dans le brouillard
Et te permet de te repérer.

Aime tes pensées car elles sont nées de toi.
Dis-leur doucement et avec amour de se taire.
Laisse en toi la place au silence bienfaiteur.

Tu sens déjà tout ton corps qui se détend,
Ta douce respiration ouvrir ta poitrine.
Le silence te mène à ta vérité intérieure,
La sensation d'un amour intense pour toi-même,
Pour la vie,
Pour les autres,
Pour Terre-Mère.

Le temps qui t'est offert
Est un don précieux
Que tu chéris
En renouant avec toi
Dans le silence de ton cœur.

Regarde tes pensées :
Elles sont dans un couffin
Qui vogue sur une rivière.
Les flots tranquilles les emmènent au loin
Pour que le silence règne
Et que la paix en toi revienne.

Fête ces retrouvailles :
La vérité loge dans le silence,
Dans le souffle,
Dans le cœur,
Dans l'âme retrouvée
Qui fait de toi un être complet.

La magie de l'enfance

Chère âme,

Et si le secret du bonheur
Se trouvait dans l'enfance ?
Viens avec moi,
Je t'emmène aujourd'hui au Pays de l'Enfance.

Ne sois pas l'adulte à l'enfant volé !
Ne crois pas que tes rêves d'enfant ne sont que sottises
Alors que ce sont là tes plus belles vérités.
Souviens-toi de l'enfant que tu as été…

Dans l'enfance se trouve le secret
Du chemin qui te ramène à ton cœur.
L'enfant se joue du passé et du futur,
Il vit dans l'instant présent.

Il fête chaque instant,
Il chante, il court, il rêve,
En ses rêves est la vérité
Tandis que l'adulte vit dans l'illusion.

Le rêve n'a aucun prix.
Le rêve ne rapporte rien.
Le rêve est tien.
Et l'enfant est toujours là
Au creux de ton cœur.

Ne te laisse pas voler l'enfant que tu es
Par de vaines préoccupations.
Non, souviens-toi comme tu étais heureux avec rien
Car ce rien était tout.

Souviens-toi comme tu croyais
Que les fées existaient.
Ferme les yeux et retrouve cette fée,
Celle qui venait te voir dans tes songes…
Elle peut revenir quand tu le souhaites
À condition de vraiment le vouloir.

La fée est là, à côté de toi.
Elle est d'une beauté extraordinaire.
Ses longs cheveux flamboyants
Sont coiffés en une couronne tressée
Dans laquelle elle a semé de petites fleurs.

Elle porte une longue robe au tissu fluide,
D'un vert pastel aux couleurs du printemps,
Et dans sa main fine, elle porte une baguette scintillante.
Son visage sourit, ses beaux yeux expriment son amour.
Tu lui donnes ta main et, confiant, tu la suis…

Tu retrouves le Monde magique de l'Enfance,
Sur l'île magnifique où la fée te conduit.
Avec elle, tu t'es envolé
Pour rejoindre l'île au palais de cristal.
Des fées plus jolies les unes que les autres
Dansent la ronde et chantent avec insouciance.
Elles sont belles car leur cœur est pur.

Tu t'assieds dans une clairière
Au milieu de chênes qui forment un cercle.
L'herbe est douce.
Tu sens le parfum des fleurs,
Tu entends le chant des oiseaux.
Non loin de là, un ruisseau coule
Et la fée te parle de sa voix musicale :

« Tendre enfant du Monde perdu,
Tu peux retrouver l'innocence du rêve
Quand tu le souhaites.
Comme autrefois lorsque tu contemplais les dessins
Des contes de fées,
L'image du bonheur revient dans ton cœur
Dès que tu en exprimes le désir.

Je suis là, à tes côtés,
Toujours présente pour toi.
Dès que tu me le demandes,
Je t'apporte réconfort, tendresse et amour.
Je te serre dans mes bras comme un petit enfant,
Et je te chante une berceuse venue de l'île fantastique,
La berceuse oubliée des temps légendaires.

Rejoins-moi ici dès que tu veux,
Ou appelle-moi et je viendrai.
Car là où tu retrouves l'enfant que tu fus
Tu retrouves également ton âme perdue.
Tu retrouves ton cœur,
Tu retrouves l'amour,
Et tes peurs s'envolent,
Comme par enchantement. »

Mon cher lecteur,
Ne verrouille pas ton cœur,
Ne tourne pas le dos à tes rêves,
En toi se trouve la clé
Du coffret où ton âme est cachée,
Trésor parmi les trésors.

Au cœur du son

Chère âme,

Écoute aujourd'hui la voix de la poétesse
Et suis-moi dans ton espace intérieur.
N'entends-tu pas résonner en toi
Les battements de ton cœur ?

Lis ce poème à haute voix
Car chaque mot fera alors
Vibrer sa magie.

La poétesse est une fée
Dont chaque mot
Est une baguette magique.

Chaque mot en sa beauté
Étincelle de mille feux,
Baguette scintillante
Qui résonne dans l'Univers.

Lis les poètes mon cher ami,
Leurs mots te consolent
Dans les heures les plus sombres.
Leurs mots éclairent ton cœur triste.

Cher cœur perdu,
Ne sens-tu pas déjà
Le brouillard se lever
Pour laisser place à l'amour ?

Ton âme y voit clair !
Que vibre en chacune de tes cellules
Le son divin d'un chant aimé,
La douce voix d'une chanteuse
Qui te rappelle les berceuses de ton enfance !

Ton âme se souvient
Car en elle vibre le son divin,
Le son oublié,
Le son que tu peux retrouver
Si tu tends l'oreille.

Profite de ce silence inhabituel
Pour entendre le son de l'âme…

Rêver

Chère âme,

Le temps qui t'est donné
Est un cadeau précieux.
La meilleure façon de l'employer
Consiste à rêver.

Respire par trois fois,
Ferme les yeux
Et laisse-toi porter
Par une douce vague de rêve
Où le temps n'existe plus.

Ne trouves-tu pas savoureux
De te laisser aller ainsi
Portée par le flot infini du temps
Qui n'a plus de limites ?

N'aie pas honte de goûter à ce temps,
Profite de chaque instant
Comme le plus beau des trésors
Et laisse-toi aller…
Laisse vagabonder ton âme
Dans le monde qu'elle a créé.

Quelle est ton utopie ?
Sens comme tu es heureuse
Dans ce monde imaginé,
Ce monde que tu peux créer.
Monde perdu,
Monde demain retrouvé.

Chère âme pleine d'espoir,
Chère âme au cœur d'enfant,
Laisse parler tes rêves d'enfant.

Dans le monde merveilleux
De la poétesse,
Le soleil brille dans un ciel éblouissant.

Sur l'île retrouvée,
Des montagnes majestueuses
Offrent un paysage sublime.

Les forêts abritent des arbres
Aux mille nuances de vert
Et les animaux s'y promènent
En toute liberté.

Sur l'île retrouvée,
Des pyramides de cristal
Illuminent notre regard.

Dans un palais de cristal
Aux couleurs de l'arc-en-ciel
Vivent déesses, fées et anges pleins d'amour.

Et moi la poétesse
Je vis entourée de mes amis,
De mes aimés, de ma famille.

Je vis le cœur empli d'amour,
Je vis dans l'amour de la nature,
Dans une tendre maison
Entourée d'un jardin
Aux fleurs dont le parfum m'enchante.

Je suis une poétesse qui jardine.
J'arrose mon potager
Et je chéris mes plantations.
Je sens l'odeur incomparable
Du pain dans le four.

J'écris des poèmes
Qui enchantent mes amis
Et qui mettent mon cœur en joie.

Et toi, chère âme,
De quel monde rêves-tu ?

Le Temple de ton Être

Chère âme,

La poétesse amie d'Orphée
Sait des secrets ancestraux
Et te les chuchote à l'oreille.

Respire par trois fois
Et écoute mes conseils
Pour l'amour de toi.

Laisse tes pensées voguer
Sur les flots d'une rivière paisible,
Dépose-les sur un couffin
Et regarde-les s'éloigner tranquillement.

La vérité ne se trouve pas dans tes pensées.
Elle est ailleurs
Et tout être peut y accéder.

Écoute autrement,
Écoute vraiment,
Écoute le silence,
Écoute le souffle de ton corps.

C'est dans le silence
Que se trouvent les paroles d'or
Et les images aux mille couleurs
De ton âme.

Écoute ton corps,
Temple de ton âme
Et chéris-le
Comme ce que tu as de plus sacré.

Quelques jours de tempête,
Quelques jours de peur…
Réfugie-toi dans la force sacrée
De ton corps.

Regarde comme il est beau.
Sois tendre avec ses défauts,
Aime-le
Comme une mère aime son enfant.

Le corps est parfois mis à l'épreuve,
Le corps souffre parfois.
N'oublie pas
Que le messager a souffert dans son corps
Il y a des siècles de cela.

Au-delà de ces souffrances
Palpite la flamme de ton âme
Bien à l'abri dans ton cœur.

Une fois les peurs surmontées
Dans le courage de ton être
Dont tu seras fier,
Tu retrouveras ton âme
Et tu seras baigné d'Amour,
De joie et de bonheur.

Quelques jours de tourmente
Mais ensuite
Le soleil reviendra
Et le ciel sera traversé
Par un magnifique arc-en-ciel.

En attendant le retour de la joie
Reste dans l'ici et le maintenant
De ton corps.
Baigne-le d'une belle lumière violette
Pour que revienne l'Amour en toi.

Renaissance : le divin masculin

Chère âme,

Aujourd'hui est un jour de fête,
Ne tourne pas le dos à la joie,
Ne laisse pas la douleur corrompre ton cœur.

Regarde les enfants qui courent dans les jardins,
Entends leurs cris de joie !
Les œufs symbolisent la renaissance,
Tout comme les timides fleurs
Et les oiseaux dans leurs nids.

Toi aussi tu es encore cet enfant
Qui s'émerveille et sautille dans les chemins,
Les yeux ouverts sur la joie,
Innocent,
Oubliant un instant tes peines et ton chagrin.

Tu as le droit de goûter à la Vie,
Ton bien le plus précieux.

Dans les chapelles ensoleillées
Les bouquets de violettes
Ornent les bancs
Et les cloches sonnent
Pour fêter la renaissance.

Le messager de l'Amour
A souffert
Comme nos cœurs souffrent.
Ils se sont brisés
Et c'est dans cette faille
Que l'Amour s'est révélé.

L'Amour de soi,
L'Amour de l'autre,
La compassion,
Le pardon.

Après la tourmente,
Vient le jour ensoleillé
De la renaissance.

La nature nous parle,
Écoute-la,
Charmante petite âme d'enfant.
Admire les primevères et les jonquilles,
Ces bouquets d'un jaune poudré
Qui ornaient la table de ta grand-mère,
Belle âme toujours joyeuse et aimante.

Petite âme, tu te souviens
Des êtres aimés
Qui partagèrent avec toi ce jour de lumière
Et tu sens leur amour dans ton cœur.

Ne perds pas espoir
Bientôt, tout ceci sera le passé
Et tu orneras à nouveau ta table
D'une belle nappe blanche.
Tu mettras tes plus beaux habits

Et tu partageras une nouvelle journée
Avec tes aimés,
Vos cœurs gonflés d'amour
S'envolant toujours plus haut
Dans le ciel d'un bleu pur.

Les belles âmes

Chère âme,

Je t'invite aujourd'hui
À rentrer dans la ronde
Des belles âmes.

Ensemble, tournons nos regards
Vers les cœurs lumineux
Aux couleurs de l'arc-en-ciel.

Laissons les juges juger
Et emplissons nos cœurs
Des doux souvenirs qui nous unissent.

Je t'invite belle âme-sœur,
Toi qui partages chaque instant de ma vie
Depuis ta naissance.
Même éloignées nous sommes toujours proches.
Petite tête bouclée,
Tu sais tout de moi,
Je sais tout de toi
Car tu es un deuxième moi.
Vois comme tu es belle
En ta tendresse toujours présente.

Je t'invite belle âme jamais oubliée.
Tu as la sagesse de la nature.
Tu te penchas sur mon berceau,
Telle une douce fée.
Tu me pris sur tes genoux tant de fois,
Assise devant la cheminée.
Ton âme vole parmi les anges.
Je te sais près de moi.
Ton amour ne me quitte pas,
Ni ton parfum de galette.
Tu m'appris à aimer.

Je t'invite belle âme de l'enfance,
Amie au prénom de sagesse,
Vive et gracieuse
Comme une petite fée.
Tu partageas avec moi
Les instants d'innocence
Peuplés de poupées, de chatons et de crêpes.
Tu parcourus mon village
Et ma cour d'école
Tes cheveux clairs dans le vent.
Jamais je ne t'ai oubliée.

Je t'invite belle âme de l'adolescence.
Tu partageas les secrets
Des premières amours,
Belle âme aux longs cheveux dorés,
Déjà initiée aux mystères de l'âme.
Déjà ton âme dansait sous les rayons de la lune
Quand nos corps se transformaient.
Et jamais tu ne me quittas.
Les silences sont riches de notre amitié.

Je t'invite lumineuse âme de mes vingt ans.
Tu m'offris alors
Les sourires les plus éclatants,
Belle âme au prénom de fleur,
Dans l'espoir d'un avenir rayonnant.
Autre sœur au cœur des voyages
Dans les villes ornées de merveilles.
Joyeuse âme toujours riante,
Marraine de conte de fées
Aux courbes sensuelles et magnifiques,
N'oublie jamais que tu es belle.

Je t'invite belle âme des contrées lointaines.
Nous nous sommes rencontrées
Sur l'île-sœur des femmes aux mille couleurs
Là où le rire et la tendresse sont légion.
Nous nous sommes rencontrées
Dans le pays du désert couleur de miel
Dont les habitants ont les yeux qui pétillent.
Nous voyons nos enfants grandir.
Proches ou éloignées
Nos âmes sont toujours unies.
Vois comme tu es belle
En ta confiance toujours renouvelée.
Vois comme ton cœur est riche
Des tendres soins que tu offres aux plus faibles
Et des chansons qui consolent les plus tristes.

Je t'invite belle âme du temps des montagnes.
Tu illumines mon quotidien.
Âme folle et joyeuse,
Guérisseuse, tu invites les sons à vibrer
Sous les rayons de la lune.
Tu es mon coup de foudre amical.

Âme généreuse et souriante,
Tu saisis ton tambour
À l'ombre des montagnes magiques,
Dans l'amour de ton cœur lumineux.
Âme maternelle,
Tu prends soin des enfants.
Âme féminine,
Tu prends soin des corps.
Âme silencieuse
Venue des îles lointaines,
Tu es restée dans mon cœur
Et ton silence m'a appris
Le goût salé des amis perdus.

Belles âmes je vous invite
À voir la beauté en vous.
De votre âme magnifique
Jaillit chaque jour
L'Amour.

Les allumeurs d'étoiles

Chère âme,

En ce moment,
La nuit te paraît peut-être bien sombre
Et la vie peut-être te semble
Une longue nuit amère.

Petite âme triste,
N'oublie pas la lumière en toi…
Tu peux rallumer les étoiles
Quand tu le souhaites,
Comme Guillaume, Marcel et les autres,
Autrefois plongés dans la nuit sans fin
De la Grande Guerre.

Regarde autour de toi
Et vois les allumeurs d'étoiles.
Tu n'es pas seule, petite âme…
Chaque cœur pur allume une étoile,
Lueur d'espoir,
Rayon d'amour.

Chaque jour, ils sont là qui prennent soin de toi.
Au petit matin, tu entends leur camion.
Ils parcourent villes et villages
Pour que nos rues soient propres.
Du soleil elles sont le clairon.

Chaque jour et chaque nuit
Ils sont là qui prennent soin de toi.
Ces belles âmes veillent auprès des malades
Et caressent d'une main aimante
La tête de nos aînés
Qu'elles dorlotent comme des petits.

Chaque jour, ils sont là qui prennent soin des enfants.
Ils les guident sur le chemin
De la connaissance
Et chaque jour grâce à eux nos enfants
Grandissent et deviennent de petits hommes.

Chaque jour et chaque soir, elles sont là,
Les belles âmes
Qui chantent et dansent et écrivent,
Artistes qui allument nos rêves
Et consolent nos nuits.

Chaque jour, elles sont là,
Les belles âmes
Qui font rayonner le soleil du cœur
Et guérissent nos blessures profondes.
Mains
Tambours
Chants
Mots
Plantes

Prières
Afin que la lumière jaillisse
De nos anciennes brèches.

Chaque jour, elles sont là,
Les belles âmes
Couturières de la vie
Qui offrent leur temps
Pour protéger les plus faibles
Et parer nos sourires,
Laissant nos yeux briller
Dans le sourire infini du regard.

Chaque jour, elles sont là
Les belles âmes
Qui nourrissent nos corps :
Elles pétrissent le pain,
Elles labourent,
Elles sèment des graines,
Elles sont à la caisse…

Et moi pendant ce temps
Je sème des graines de poésie
Qui deviendront fleurs
Dans le cœur des âmes
Qui ont soif de rêve
Et d'Amour.

Le monde d'après

Ce soir, chère âme,
L'heure est venue
De rêver au monde d'après.

Nous avons versé tant de larmes,
Pauvre âme oubliée…

Viens pleurer dans mes bras.
Pose ta tête sur mon épaule.
Ta tristesse est légitime
Car l'absence a le goût terrible du manque
Et l'on ne quitte pas sans pleurs
Les êtres aimés.

Console-toi petite âme,
Une fois l'âme envolée
Ce corps ici souillé,
Cet aîné délaissé,
Cette sagesse piétinée,
Seront aimés à leur juste valeur.

Console-toi petite âme,
Je sais que tu souffres
Car chaque mot qu'ils prononcent
Est comme un coup de poignard
Dans ton cœur déjà meurtri.

Nous sommes riches de biens
Mais nous sommes pauvres de cœur.
À leurs yeux
Nous ne sommes
Que des esclaves
Vils et laids.

Combien coûtent nos vies ?
Le sort chaque jour réservé
Aux humains les plus pauvres
Est aujourd'hui le tien.

À leurs yeux,
Ta vie ne vaut rien.
Elle ne vaut pas la peine d'être soignée.
Elle ne vaut pas la peine d'être aimée.
Elle ne vaut pas la peine d'être guérie.
Elle ne vaut pas la peine d'être sauvée.

Ce soir, je transforme leur boue
En or.
Je propose à ton âme meurtrie
Un autre monde,
Le monde d'après.

Car le monde d'aujourd'hui
Est si boueux
Qu'il nous faut le réinventer.

Mettons à la place de leurs paroles fausses
Des paroles vraies,
Des cœurs lumineux,
Des caresses,
Des oiseaux qui chantent,
Des arbres silencieux,
Des poèmes dorés.

Détournons le regard
Devant tant d'ignominies
Et regardons les belles âmes
Qui avec nous vont construire
Le monde d'après.

Wesak
la fête de la lumière

Chère âme,

Aujourd'hui est un jour de fête !
Viens avec moi
Envolons-nous
Pour la cité de Bouddha
Où résonnent rires et musiques,
Où se déploient mille bannières colorées.

Asseyons-nous sous le figuier
Et dans le calme de ses feuilles
Écoutons le message de Bouddha et de son ami.

Vois comme est doux le sourire de Bouddha
Et comme ton âme épouse sa paix,
Il t'apprend la sérénité.

Avec son ami, il te montre la voie de l'Amour.
L'amitié n'a pas de frontière
Et le cœur s'ouvre à tous
Sans condition.

Avec son ami, il te montre la voie de la Compassion.
Tu peux trouver refuge en eux
Car ils ont appris la souffrance
Et comprennent ceux qui souffrent.

Ils nous ont appris
La valeur de la Vie,
La valeur d'une main serrée,
La valeur d'un sourire,
La valeur des mots de consolation.

Nous sortons plus grands
De cette grande leçon.
Il nous faut désormais
Garder la joie en nous
Pour apporter de la lumière.

La lune se lève
Sur Wesak
Et sa douce lumière
Nous illumine et nous grandit.
Bouddha et son ami
Ouvrent la voie
Du Nouveau Monde.

Monde d'Amour.

Écoute les conseils
Des sages voix.
Écoute les conseils
Des guides avisés.
Écoute les conseils
Nés dans la nuit des temps.

Et grandis dans l'Amour.

Merci

Merci à l'absence
Elle nous apprend l'être aimé

Merci au silence
Il nous apprend la musique

Merci à la maladie
Elle nous apprend la santé

Merci aux oiseaux
Ils nous apprennent le présent

Merci à la pluie
Elle nous apprend le soleil

Merci à la solitude
Elle nous apprend la présence

Merci à la vieillesse
Elle nous apprend chaque instant

Merci au souffle
Il nous apprend l'âme

Merci au manque
Il nous apprend l'abondance

Merci à la souffrance
Elle nous apprend la compassion

Merci à la haine
Elle nous apprend l'amour

Merci à la colère
Elle nous apprend la paix

Merci à toi
Tu m'apprends à être moi

Sagesse animale

Chère âme,

Aujourd’hui petite âme
Prends le temps
De partir à la rencontre
Des animaux
Avec ton amie la poétesse.

Fais silence en toi,
Que rentre la musique de l’âme.
Lyre d’Orphée le poète,
Tambour du chaman,
Battements de ton cœur.

Petite âme,
Souviens-toi de ton enfance
Et de ton tendre sentiment
Pour les animaux.
Chien de ton grand-père,
Poules de la ferme,
Âne Pompon,
Chat ronronnant.

Petite âme,
Sois l'enfant en toi
Et ouvre ton cœur
Aux animaux.

Notre voyage commence.

Souviens-toi du pays de l'eau.

Viens avec moi
Et pénètre l'onde lumineuse.
Vois comme les dauphins
Glissent et dansent dans les flots.
Vois comme ils protègent
La poétesse qui nage,
Son bébé dans le ventre.
Écoute leur message de joie
Et redeviens l'enfant innocent et joueur.

Viens avec moi.
Écoute le chant fantastique
De la baleine
Venue dorloter son bébé
Dans le lagon maternel.
Elle t'apprend l'amour d'une mère.
Elle t'apprend la magie du son.

Viens avec moi.
Glisse auprès de la tortue.
Épouse le rythme lent
De sa nage hypnotique.
Tu te sens en paix.
La tortue t'apprend
La sagesse du temps
Et le bonheur de l'instant.

Viens avec moi.
Déploie tes ailes
Et admire la raie manta,
Ange des mers.
Elle vole sous l'eau
Et t'apprend l'élégance des sentiments,
La grandeur de la noblesse,
La splendeur du cœur.

Et maintenant, c'est le temps de la montagne.
C'est le pays de la terre
Car ainsi va le temps d'une vie.

Viens avec moi
Aux pieds des cimes
Et rencontrons l'ours.
Il t'apprend la force.
Il te guide sur le chemin
De ta propre puissance
Car dans le courage est le cœur.

Viens avec moi
Au cœur de la forêt.
Découvrons le cerf
Dont la majestueuse beauté
Nous enchante.
Il t'apprend à regarder vers le ciel
Et à voir en toi le divin.

Viens avec moi
Dans les pentes rocheuses.
Admire la souplesse
De la louve,
Animal noble

Qui te guide
Vers l'amour de l'autre
Et t'apprend à sentir
La grandeur de la nature.

Viens avec moi.
Envolons-nous
Et rencontrons l'aigle
Qui glisse sur le vent
En symbiose.
Il t'apprend l'harmonie
Et le regard de la sagesse.

Vois belle âme
Comme la Terre est belle
Nourrissant de son sein
Animaux
Végétaux
Humains
Tous faisant partie
De la grande famille de la Vie.

Pardon

Chère âme

Entends ce mot magnifique
Qui contient
Le souffle de l'âme

Pardon pour les colères
Pardon pour les cris
Pardon pour l'irrespect
Pardon pour les moqueries
Pardon pour les silences
Pardon pour les trahisons
Pardon pour l'abandon
Pardon pour le jugement
Pardon pour mes manques
Pardon pour mes négligences
Pardon pour mes fautes
Pardon à nos aînés
Pardon pour mon indifférence
Pardon pour l'incompréhension
Pardon pour l'impardonnable
Pardon pour les insultes
Pardon aux animaux
Pardon pour la haine
Pardon à Terre-Mère

Pardon pour les souffrances
Pardon pour les injustices
Pardon pour la cruauté
Pardon pour le racisme
Pardon pour le sexisme
Pardon pour l'homophobie
Pardon pour les humiliations
Pardon à nos enfants

Pardon à moi-même
Je fais de mon mieux
Pour apprendre à m'aimer

Dans le pardon
Réside
L'essence même de l'Amour

Yule
le feu de la Renaissance

Chères âmes,

En ce jour sacré
Pour mille et une raisons,
Installe-toi devant un bon feu.
Il est temps
De t'accorder du temps
Et d'écouter la poétesse.

La poétesse porte un message
De la plus haute importance.

Regarde la lumière
Du feu qui flambe
Dans ta cheminée.

La bûche de Yule
S'enflamme
Du feu de la renaissance.

Que brûlent
Les anciennes scories,
Laissant place
À une nouvelle conscience !

Écoute en toi
La renaissance
D'un nouveau Moi,
D'un phénix
Plus flamboyant que jamais.

Tes yeux brillent
Comme deux étoiles
Qui s'harmonisent.

À toi vient un chat
Au pelage couleur de nuit.
Ses deux yeux brillent
Et t'apportent
La lumière de guérison.

Dans la nuit céleste,
Brille une double étoile
Porteuse d'espoir :
C'est l'étoile de Bethléem.

Le bleu de la nuit céleste,
Le bleu de l'eau magique
Profonde, scintillante, bienfaitrice
Coule en toi,
Te régénère.
Ainsi :
Que coulent en toi
Les énergies,
Libres et chatoyantes !

Ainsi doublement délivré
Par le feu et l'eau,
La joie s'installe en toi

Et tes yeux éclairent
Un monde plein d'espoir,
Alliance riche en promesses.

Alliance
Entre les humains,
Les végétaux,
Les animaux,
Les minéraux,
Et le divin.

Alliance
Où chacun reconnaît
La juste place de l'autre,
Juste et égale place.

Alliance
Où chacun se souvient
De sa pleine beauté,
Retrouvant en soi
Le Roi et la Reine,
Le végétal,
L'animal,
Le minéral
Et le divin.

L'ancien monde meurt
Pour que naisse
Un nouveau monde
Dont chacun est un acteur
Lumineux.

Tu es un porteur de flambeau.
Avec toi, l'espoir renaît
Et l'avenir est d'or.

Noël
la fête de l'amour inconditionnel

Chère âme,

En ce jour tendre,
En ce jour chéri
Où l'enfant en toi bondit de joie,
L'âme comblée de souvenirs merveilleux…
Jeshua t'apporte un message d'amour.

Chère âme,
Petit enfant devenu adulte,
Voici le message de Noël.

Cette nuit,
La lumière va jaillir
Et nous conduire
Vers une aube remplie de promesses.

Cette nuit,
Belle âme,
Tu vas renaître à toi-même,
Vierge de toute faute.

Tu te pardonneras.
Tu tourneras la page
Et tu écriras
Un nouveau chapitre.

Ton cœur est la crèche
Où naît ton nouveau Moi.
Chéris ce bébé divin,
Plein de promesses
Et d'innocence.

En toi naît un nouvel être
Qui se souvient de son âme.
Tu es plein d'amour.
Laisse jaillir cet amour
Comme une fontaine purifiante.

Afin que les graines de l'amour
Poussent
Pour former un bel arbre de vie,
Souviens-toi de l'enfant que tu fus.
Il n'est pas si loin.

Tu étais un enfant
Dont les yeux innocents
Se tournaient vers l'avenir
Avec espoir et joie.

L'enfant que tu étais
Voyait la magie du monde.

Cette magie scintillait dans tes yeux
En cette belle nuit de Noël
Ardemment souhaitée.

La magie s'ouvrait
Sur un livre aux pages dorées,
Sur des illustrations
Aux couleurs de la nuit étoilée,
D'un bleu profond,
Tel le lapis-lazuli.

La magie s'ouvrait
Sur des chants angéliques.

La magie s'ouvrait
Sur la douceur blonde
Du tendre visage de Marie.

La magie s'ouvrait
Sur les gourmandises
Et sur la lumière dorée
Des bougies.

À nouveau,
Belle âme,
Tu peux renaître
À cette douceur,
À cet espoir,
À cette lumière,
À cet amour
Que tu portes en toi.

L’avenir appartient à ceux qui rêvent

Belle âme,

Ferme les yeux,
Écoute le souffle paisible
De ta respiration.

Tu es dans une magnifique bulle d’or
Et tu te laisses bercer
Par la voix enchanteresse
De la poétesse.

Tu es un arbre
Aux branches cristallines
Et aux racines profondes.

Tu es protégé par Sananda.
De son cœur doré,
Partent des rayons d’amour.
Sa voix céleste
T’invite
À réveiller ton âme d’enfant.

Autour de toi
Siègent deux splendides dragons.
L’un est d’un noir luisant,
L’autre est d’un blanc étincelant.

Tu as apprivoisé tes parts d'ombre,
Laissant ton âme voler
Dans le flux de l'univers stellaire.

Dans la clairière enneigée
Baignée du clair de lune,
Tu t'écroules dans la neige
Et tu ris d'un rire d'enfant.

Tu fermes les yeux
Et tu rêves
Car on te demande
De rêver
Encore et encore.

Ainsi tu portes
Le monde de tes rêves
Sur tes ailes lumineuses.

Dans le ciel,
Les étoiles scintillent.
Tu entends
La jolie chouette des neiges.

Et tu rêves.

Tu rêves à un monde libre,
Tu vis dans un monde de paix.
Ici hommes et femmes
De tous horizons
Sont heureux.

Tu es épanoui.
Tu crées ton bonheur.
Tu es en pleine forme.
Tu es beau et aimé.
La nature te sourit.
Tu vis en osmose
Avec les arbres, les animaux,
Les pierres, les anges,
L'eau, le vent…

Belle âme,
Les êtres de lumière
T'invitent
Chaque jour de cette nouvelle année
À rêver,
Rêver, rêver,
Et encore rêver,
T'autorisant à croire
En tes rêves.

Imbolc
le cycle des saisons

Douce âme,

À l'orée de la forêt,
Le cerf fait une apparition.
Les flocons tombent en silence.
Ses sabots effleurent la neige.

Il passe de l'ombre à la lumière.
Et quand la neige cesse de tomber,
Le soleil éclaire la clairière
De ses rayons ardents.

Au matin, dans la forêt,
Des chants d'oiseaux résonnent.
Les primevères percent le sol blanc.
Le ciel se teinte de nuances mauves.

La nature nous apporte un message.

Homme,
Observe le cycle de la nature.
Après le temps de l'ombre
Vient le temps de la lumière.
Après la mort,
La vie.

Mets une bougie à ta fenêtre.
Laisse l'espoir et la lumière
Entrer en toi.

Après le temps de l'ombre,
Vient le temps de la lumière.

Voyage intérieur

N'est-ce pas là
Le plus beau des voyages ?
Tu vas
Sur les traces de ton âme.

Prends une lampe,
Descends en toi
Et admire ton paysage intérieur.

Descends plus profond encore,
Respire profondément.
À l'eau de la source claire,
Soigne tes plus anciennes blessures.

Sans ce voyage initiatique,
Tu ne peux renaître à toi-même.

Car, là, au creux de ton cœur,
Dort un splendide diamant
Qui vibre à ta venue.

Sens comme ton âme est joyeuse,
Sens la joie vibrer
Et entonne le chant
De ton moi profond.

Tel est le prix de la solitude,
Car ainsi tu offriras
Au monde et aux autres
Un souffle de paix
Et d'amour.

Oui bientôt,
Le long voyage intérieur
S'ouvrira
Sur la lumière
D'êtres resplendissants
Qui se retrouveront
Dans la joie de l'Amour.

Le Chemin

Ma bien chère âme,

Laisse-moi aujourd'hui te conter
La belle histoire du chemin.

Entre ombre et lumière,
Dans l'allée silencieuse,
Les branches des arbres
Créent un arceau de mystère.

Le bruit de tes pas
Épouse les battements de ton cœur
Et tu te souviens
Du doux jardin de ton grand-père.

Belle âme,
Vois le chemin parcouru
En toi.

Un jour, tu t'es souvenue
De qui tu étais
Et ta vie s'est enchantée.

Sur ton chemin,
Tu as rencontré
Des épreuves
Que tu guéris peu à peu.

Sur ton chemin,
Se trouve
Le legs des anciens
Dont tu berces la douleur.
Ainsi va le chemin de la blessure,
Qui de guérison en guérison
Répare l'arbre familial.

Sur ton chemin,
Se trouve
Un nouvel équilibre
Et dans l'harmonie de ton cœur
Tu vois les fleurs pousser.

Ton chemin est celui du Cœur.
Tes yeux de lumière
Te permettent de voir
Le bout de l'allée,
Qui d'épreuve en épreuve,
De guérison en guérison,
Te conduit doucement
Vers un avenir radieux.

Alors belle âme,
Contemple ces ombres,
Contemple ces jeux de lumière,
Contemple ces arbres,
Et vois comme il est beau
Ton chemin…

Être souverain

Aujourd'hui,
Je porte le message
Haut et fort
De la poétesse
Qui danse dans les prés,
Cheveux au vent,
Pieds nus,
Femme libre et sauvage.

Je revendique le droit
De porter sur le monde
Le regard du poète.

Je revendique le droit
De porter sur le monde
Le regard de l'enfant.

J'invoque la poésie,
J'invoque la magie.

Qui es-tu, toi,
Pour juger
Qui je suis ?

Je réclame le droit
De porter sur le monde
Un regard naïf.

J'invoque l'amour.
J'invoque la joie.
J'invoque la créativité.
J'invoque le féminin.

Qui peut m'empêcher
D'être différente ?
Je l'ai toujours été !
Qui peut m'obliger
À rentrer dans le rang ?

Reste prisonnier
Si tu le souhaites.
Reste seul et triste
Si cela est ton vœu.
Mais n'empêche pas l'être libre
De déployer ses ailes,

De chanter,
De danser,
De crier,
Sans souci des convenances.

Qui es-tu
Dans ton costume gris,
Étriqué,
Face aux robes
Fleuries, chatoyantes, tourbillonnantes,
Face aux intuitions éblouissantes,
Face aux mots étourdissants ?

Qui es-tu
Dans ton triste tricot,
Courbé

Sous le poids
De ta raison,
De ta science,
De ton cartésianisme,
Face à l'enfance,
Face aux fées,
Face aux vieux sages ?

Je sors mon stylo.
Je sors ma baguette magique
Et je me déclare
Reine en mon royaume !

Prendre sa place

Belle âme,

Aujourd'hui, un message s'impose
Pour tous les hommes, toutes les femmes
Et tous les enfants.

Commençons par les femmes
Car grand est leur rôle en ce monde.

Très chères,
Ne laissez personne
Vous voler votre souveraineté.

Que votre corps
Soit votre royaume.

Ainsi,
Ne laissez personne
Vous dicter votre apparence.

Pourquoi vous réduire
À la maigreur
Sous prétexte de mode ?
Ne serait-ce pas plutôt
Car on veut vous empêcher
D'exister,
De prendre la place qui vous revient ?

Pourquoi accepter,
Très chères,
De vous habiller
En fonction
Des désirs extérieurs ?

Reprenez votre pouvoir.
N'ayez pas peur
De votre puissance.

Votre beauté gêne.

Qui craint
Les rondeurs de votre corps,
Les seins épanouis,
Les hanches larges
Rappelant
Les splendeurs
Des déesses vénérées ?

Soyez avant tout
Celle que vous voulez être.
Prenez votre place.
Existez.
N'ayez pas honte
D'être femme,
Comme vous voulez l'être.

Femme sportive,
Intellectuelle,
Désirable,
Sage,
Timide,
Professionnelle,

Mère,
Célibataire,
Sans enfants,
Artiste,
Magicienne…
Soyez celle
Que vous voulez être.
Soyez vous-même.

Femmes, hommes, enfants,
Ne soyez plus chétifs.
Prenez votre place.
Brillez de mille feux.

Que votre poésie résonne
Dans le vaste Univers !
Que votre peinture
Resplendisse sous les cieux !
Que vos chants s'entendent
À l'autre bout du monde !
Que votre âme
Se révèle dans la joie !

Un message de réconfort

Belle âme,

Quand la tristesse t'envahit
Au point que le désespoir
Est à la porte de ton âme,
Tout l'Univers conspire
Pour chuchoter
Des mots de consolation
À l'oreille de la poétesse.

En ce moment
Belles âmes,
Vous vous sentez seules.
Où sont partis les moments de joie
Qui émaillaient un quotidien morose ?

Que vous reste-t-il ?

Comment sortir
De cet abattement
Et de ce tunnel sombre et sans fin ?

Belles âmes,
L'Univers vous dit
Que l'eau est là.
Exprimez votre chagrin.

Les larmes se chargent
De votre lourde peine.
La rivière, la mer, l'océan, la pluie,
Emmènent vos fardeaux
Qui glissent
Comme ils glissent sur la Voie Lactée
Au rythme tranquille de l'Univers.
N'oubliez pas
Le pouvoir de l'eau.

Belles âmes,
L'Univers vous dit
Que la Nature est là.
Ouvre ta fenêtre.
Sens la terre humide.
Vois la rosée briller.
Entends les tourterelles.
Contemple au loin les montagnes.
Accepte la caresse de ton chat aimant.
Écoute le vent dans les arbres,
Ressens leur amour infini.

Belles âmes,
L'Univers vous dit :
L'invisible est là.
Les êtres de lumière
Ouvrent leurs bras d'or.
Les anges
Déploient leurs douces ailes.
Déposez votre chagrin
Dans vos mots murmurés
Et l'invisible
Prendra soin
De votre cœur meurtri.

Belles âmes,
L'Univers vous dit :
Le Ciel est là.
Le Soleil vous donne la force
De continuer.
Et la nuit
Vous admirez les Étoiles.
Comme le Petit Prince,
Vous pouvez vous dire
Que vos amis sont là
Et veillent sur vos rêves.
La Lune vous offre
Le cadeau de sa lumière nacrée,
Tamisée, consolatrice et tendre.

Belles âmes,
L'Univers vous dit :
Trouvez en vous
Les ultimes ressources.
Trouvez la force de remercier
Pour un toit,
Pour un corps en bonne santé,
Pour des enfants qui jouent,
Pour des amis qui téléphonent,
Pour des êtres pleins de compassion,
Pour une table dressée…

Belles âmes,
L'Univers vous dit :
À la fin
Il te reste toi,
Toi-même…
Ton corps et ta respiration,
Tes créations,

Tes chants et tes danses,
La magie que tu vois
En ce monde réenchanté,
Les vers que tu déclames,
Ton cœur plein d'amour,
Tous tes rêves,
Ton espoir
Et toute ta lumière
Qui éclaire les jours des âmes tristes.

Essentiel

Belle âme,

Il n'est sur Terre
Aucun être que l'on peut qualifier
De non essentiel
Sans perdre alors
Son humanité.

Crois en ta valeur
Sans laisser les autres
Décider combien tu pèses
Sur le marché
Des âmes égarées.

Essentielle
Est l'Ange de la Beauté
Qui aide les femmes
À retrouver la confiance
Grâce aux gestes ancestraux
Qui célèbrent le corps féminin.
Essentielle
Est l'Ange de la Beauté :
Elle connaît les secrets
Qui font de notre corps
Un temple parfumé.

Essentiel
Est l'Artiste
Qui éveille en nous
La plus belle part
De notre humanité.
De l'essence du ciel
Il tire son art
Et nous rapproche des étoiles,
Par son chant,
Par sa danse,
Par ses pinceaux,
Par ses vers.
Essentiel
Est l'Artiste
Qui fait de nous
Un humain.

Essentiel
Est l'Artisan de la table
Qui réunit les amis,
Fait chanter les fourchettes,
Les rires et les papilles.
Essentielle
Est la petite boutique
Qui fait rire nos quartiers
Où tant de lumières
Sont un trésor inestimable
De vie, de paroles légères
Et d'échanges sacrés.
Essentiel est l'Artisan
Qui enchante les pierres,
L'argile et le fer.

Souvenons-nous
De ce qui fait notre essence.
Souvenons-nous
Que nous sommes faits de sens.
Souvenons-nous
Que nos corps méritent
L'essence du ciel.

L'essence de nos vies
Réside dans la valeur
Que nous donnons
Aux choses.

Combien vaut un baiser ?
Un sourire ?
Un visage ?
Une danse ?
Un chant ?
La confiance retrouvée ?
La complicité des femmes ?
Un corps parfumé ?
La nature ?
Un enfant épanoui ?
Une âme joyeuse ?

Dans les profondeurs bleues

Belle âme,

Reçois aujourd'hui
Un message qui va te plonger
Dans les mille nuances du bleu
Où tu puiseras des ressources
Pour éclaircir tes jours sombres.

Souviens-toi
De l'enfant en toi,
L'enfant qui rêvait
La nuit à sa fenêtre
Et regardait les étoiles.

Cet enfant est toujours là.
Il t'aide à enchanter ta vie
Et tu l'aides
En le nourrissant
D'amour et de rêves.

L'enfant connaît les secrets
Des profondeurs bleues.

Il regarde les étoiles
Et envoie ses pensées

À ses amis
Qui ne l'ont pas oublié
Car cet enfant
Est un prince des Étoiles.

Il regarde la voûte stellaire
Et sent la douceur
Des plumes
De l'archange Raphaël
À qui il envoie une prière
De guérison.

Il regarde la lune
Et sent sur sa joue
La caresse
De la déesse
Aux reflets opalescents.

Il voit ses longs cheveux noirs
Flotter dans les étoiles
Et son visage pâle
S'éclairer
D'un tendre sourire.

L'enfant voit
Avec le regard du poète,
Avec le regard du cœur,
Et met de la magie
Dans ses jours féeriques.

Près de l'océan,
Il entend le rire
De la déesse
Au parfum de vanille.

Il voit sa peau ambrée
Scintiller.
Il sait que la déesse
Va laver ses peines
Et emmener avec elle
Les larmes
De toutes les âmes tristes.

Belle âme,
Souviens-toi
De l'enfant que tu étais
Et laisse ton esprit
Vagabonder
Dans les profondeurs bleues.

Alors tu entendras
Le chant des baleines
Qui entourent d'un amour infini
Les enfants de la Terre,
Leur rappelant
Le secret de l'eau
Qui emmène avec elle
Tous les tourments.

Sœurs

Belle âme,

Aujourd'hui, j'invite les femmes
À retrouver la pureté
De l'amour des sœurs.

Souviens-toi
Des moments enchantés
Avec la petite tête bouclée.

Ton cœur empli d'amour
Se serrait
Quand elle pleurait.

Tu as toujours été là pour elle,
Elle a toujours été là pour toi.

Ensemble sur le chemin de la vie,
Sur le chemin de toutes les vies.

Deux magiciennes,
Deux fées,
Deux créatrices,
Deux mères,
Deux femmes
Qui s'épaulent.

Deux sœurs
Que rien ne pourra jamais
Séparer.

Petite tête bouclée,
Ton âme est douce…
Elle a la couleur
De la mer tendre
Et des nuages cotonneux.

Petite tête bouclée,
Ton cœur est fait d'amour.
Il a la couleur
De la rose
Aux cinq pétales.

Petite tête bouclée,
Tes yeux de reine
Ont la couleur
Du ciel normand.

Belles âmes,
En vous, je retrouve
La tendresse infinie
De la sœur,
Incarnation subtile
Du féminin
Dans sa plus noble expression.

Belles âmes de femmes,
Le lien de sœur
Est celui des amies
Dont le soutien infini
Est un baume pour l'âme.

Belles âmes de femmes,
Dans vos rires,
Dans vos danses,
Dans vos chants,
Dans le soin
Apporté à vos corps,
On retrouve
L'âme de la Déesse,
Qui enveloppe
D'un nuage aimant
L'humanité changeante.

Belles âmes d'hommes,
Buvez à la source de la femme.
Alors…
De l'harmonie retrouvée,
De l'équilibre revenu,
Naît un enfant,
Qui grandit doucement
Dans le cœur de tous.

Beltaine
l'union des contraires

Belle âme,

Il est venu le temps de la fête.
La poétesse célèbre son âme,
Fille du printemps,
Fille du dieu et de la déesse.

Bélénos et Bélisama t'invitent
À te souvenir…

Souviens-toi des anciennes fêtes
Qui faisaient de nous
Des âmes qui s'aimaient,
Des âmes qui aimaient,
Des âmes joyeuses et vraies.

Le dieu et la déesse te montrent
Comment renouer
Avec ta vraie nature.

Le temps de la fête est venu.
Allume un feu
Pour brûler les scories
De l'année passée.

Tu vas fêter le printemps,
Un nouveau cycle,
La saison de la lumière.

Danse autour du feu !

Le féminin est honoré
Dans toute sa beauté.
Mets des fleurs dans tes cheveux.
Chante avec tes amies.
Lance des brassées de pétales.
Jette tes escarpins rouges
Et fais claquer tes pieds nus
Sur le ventre de Terre-Mère.

Le masculin célèbre le féminin,
Conscient de l'amour
Qu'il éprouve pour elle.
Bélénos et Bélisama
Montrent la voie.

C'est la voie de l'amour
Où chacun se respecte,
Féminin et masculin
Sur un pied d'égalité.

C'est la voie de l'unité.
C'est la voie de la rose.
C'est la voie du cœur.

Joie, danses et chants
Transforment les peurs
En rayons d'or.

En oubliant le masque
Nous nous souvenons
De qui nous sommes
Et cela remplit notre âme
D’une source de joie
Intarissable.

L’Ascension vers soi-m’aime

Belle âme,

En ce jour de fête
Pour les âmes de toutes religions,
Pour les âmes sans religion,
Pour les âmes de tous horizons,
Écoute ce beau message
D’Amour Universel.

De l’enfance à la sagesse,
Ta mission de vie
Consiste à t’aimer.

Être toi-même
C’est t’aimer,
Te respecter,
T’autoriser le bonheur,
Sans croire aux limites.

Le passé est une illusion.
Tu peux te libérer
Des schémas répétitifs,
Des ancêtres et du karma.

Fais-toi la promesse
De te libérer
De ces chaînes
Que tu as créées.

Ne te sens pas coupable :
Tu as appris à ne pas t'aimer,
Pour sortir vainqueur
De ce combat entre toi et toi-même.
C'est à cela que sert
L'expérience de la Vie :
Être sur le chemin de SOI.

Les autres jouent le rôle
Du miroir déformant.
Ils répètent des phrases
De désamour.
En jugeant,
Ils t'apprennent à te juger.

À ton tour, tu joues le rôle du juge
Et tu te fais du mal.

Dis-toi que tu t'aimes.
Proclame cet amour
À la face du monde.

Crois en ta beauté :
Ton corps est magnifique,
Ton âme est sublime.

Tu fais de ton mieux.
Prends soin de toi.
Fais-toi belle, fais-toi beau.

Fais ce que tu aimes.
Ne te rends pas malheureux.
Ose être toi-même
Et sois l'auteur de ton bonheur.

Ainsi tu sortiras
De l'illusion de la dualité.
Tu comprendras
Que les autres jouent un rôle.
Cette vie n'est qu'un jeu,
Le songe d'une nuit d'été…

Ton vrai moi est ailleurs.
Il est dans l'amour
Au-delà de toutes contingences.
En te portant
Un amour inconditionnel,
Le chemin te conduira
De l'Amour de Soi
À l'Amour de l'Autre.

L'ascension de toute vie
Nous mène
Du désamour à l'amour.

Aie confiance.
Tu es sur le chemin.
Le chemin est escarpé,
Il est difficile
Mais si beau !

Car il te conduit
Vers la Vérité
De la Beauté incroyable
De l'Être que tu es.

Une âme de lumière,
Un cœur aimant
Relié à la Source
Du Grand Amour
Où s'abreuvent toutes les âmes
Quand elles quittent la scène,
Quand elles ôtent les masques,
Quand elles sont
Elles-mêmes.

Mère veilleuse

Belle âme,

Ce poème est pour toi,
En ce jour de grand soleil :
Des mots pour des maux,
Des mots pour les femmes,
Des mots pour toi.

Pour vous, âmes de femmes,
Vous qui êtes sur le chemin,
Petites filles au cœur d'or,
Devenues femmes-veilleuses.

Pour toi, la protectrice,
Difficile est ton chemin,
Mais tellement merveilleux…

Depuis des lunes et des lunes,
Des femmes veillent,
Guérissent,
Enseignent,
Chantent,
Dansent,
Écrivent des poèmes.

Protectrice de l'humanité,
Ta force est dans ton regard.
C'est le regard de la petite fille,
Qui s'émerveille de tout
Et en tout voit le sacré.

Petite fille déjà,
Les déesses de la Nature
Te recouvraient
De leur voile scintillant.

Voile de nuit,
Voile étoilé,
Sous lequel les secrets
Étaient transmis.

Déjà, elle était là,
Et toute ta vie,
Elle t'a accompagnée.

Reine du Ciel,
Elle règne sur les cœurs
Et souffle sur les âmes veilleuses,
Le souffle de l'Amour infini.

Elle s'appelle Marie,
Son âme est d'or.
Sur nos têtes chéries,
Elle pose une cape
Faite d'étoiles et d'amour.

Sa tête est couronnée d'étoiles,
Ses pieds sont plantés dans la Terre.
De son cœur au tien,
Un fil d'or vous relie.

Marie veille sur les âmes veilleuses.
Nous sommes les petits flambeaux.
Nous éclairons les âmes tristes.
Telle est notre belle mission.

Marie te rappelle
Que ta mission est grande.
Elle pèse parfois
Sur tes épaules de petite fille.
Le chemin est fait d'épreuves.
Tu ne dois pas avoir honte.
La femme est un creuset d'émotions.
Là est sa grandeur.
Là est sa beauté.

Parfois, nos cœurs purs
Pleurent et défaillent.
Marie est toujours là.
Elle te rappelle que telle une mère,
Elle pose sur tes épaules
Sa cape dorée.
Elle te berce
Et tu te souviens,
Que petite fille,
Tu admirais sa douceur.
De tes yeux d'enfant,
Tu la voyais comme une princesse
Venue du Ciel.

Pose ta tête aux tresses brunes
Sur le cœur de Marie.
D'une caresse et d'un souffle,
Elle t'invite à te reposer.
Avec elle à tes côtés,
Prends des forces.

Alors un beau jour,
Ressourcée à la source de l'amour,
Tu reviendras,
Forte des forces de la nature,
Prête et vaillante,
Mère veilleuse,
Tu veilleras sur tes frères et tes sœurs
Et ta lumière sera un baume.

N'aie pas peur, petite fille et grande femme,
N'aie pas peur, tu seras toujours aimée,
Car ton cœur gonflé d'amour
Attirera toujours
Les cœurs aimants,
Quoi que tu fasses.

Alors, aime-toi,
Chère petite fille…
C'est cela le chemin.

Lune des Fleurs

Dame Lune,

Ma bien chère sœur astrale,
Je t'honore.
Tu es le miroir
De la femme que je suis.
En toi,
J'honore la femme en moi.

La douceur nacrée
De tes reflets lunaires
Enveloppe
Mon corps sacré.
Je m'imprègne
De ton halo aussi tendre
Qu'une perle.

Belle Lune,
Le cercle parfait
De ta pleine expression
Me rappelle
Ma nature cyclique
De Femme.

Tu es ma sœur astrale.
Nos liens de sang
Forment un cercle parfait.
Chaque mois,
Tu me rappelles
Que je dois consacrer
Mon corps de Femme.

Chaque mois,
Tu me rappelles
Que je suis
Fille de la nature.

J'écoute le cercle parfait
Des saisons qui dansent,
Si belle Lune des Fleurs…
Pour célébrer le printemps,
Je porte une couronne de fleurs
Dont le cercle
Se reflète dans ta rondeur.

Si belle Lune…
En ton cercle pâle
Je vois l'alliance infinie
De la Terre,
Du Ciel
Et des Étoiles.

Si belle Lune…
Je suis heureuse
D'être née Femme.
Mois après mois
Je me relie au Ciel.
Je danse la Terre.
Je chante les Étoiles.

Si belle Lune…
Tu me rappelles
Que la Femme
Est celle qui écoute.

La Femme est celle qui entend.

Elle voit l'invisible.
Elle entend les guides.
Elle laisse parler son cœur.
Elle écoute son corps.
Elle chante ses émotions.
Elle guérit les blessures.
Elle transmet son savoir.

La Femme est celle
Qui connaît
Les Mystères de la Vie.

Si belle Lune…
En toi, je me vois.
Je retrouve
Ma nature féerique.
Avec mes sœurs, je danse
La ronde lunaire
De l'infini mouvement.

Si belle Lune…
Comme toi,
Nous sommes toutes belles
D'une beauté secrète.
Différentes et bouleversantes.
La féminité a mille visages.
La féminité a mille âges.

Nous prenons notre tambour
Et nous chantons
Au rythme de notre cœur.

Il bat à l'unisson
De la Terre qui tourne,
Des Étoiles qui brillent,
De l'Eau qui coule,
Des Oiseaux qui chantent,
Des Fleurs qui poussent,
De la Lune qui scintille.

Être mère

Belle âme,

Aujourd'hui, j'honore
Toutes les mères.

Mère de toute vie,
Sans qui nous ne serions pas là,
Toi notre chère Terre-Maman,
Tu nous nourris
De ton Amour de Mère.

Mère du Ciel,
Celle qui illuminait
Mes rêves de petite fille.
Belle comme une princesse
Avec tes longs cheveux d'or
Et ta cape stellaire
Aux mille étoiles,
Tu berces ton enfant
Et nous prends tous dans tes bras,
Mère veilleuse Marie.

Ma petite maman,
Si frêle et si forte à la fois.
Princesse mélancolique,

Petite fille j'admirais
Ta beauté nostalgique.
Tu m'as consacré
Tant et tant de jours de ta vie.
Tu m'as donné le goût d'écrire.
Tu m'as donné le goût de lire.
Sans toi, mes mots n'existeraient pas.

Mes amies, mes âmes sœurs,
Vous qui êtes des mères
Pour vos amies.
Vous qui nous guidez,
Vous qui enseignez,
Vous qui transmettez,
Vous qui soignez,
Vous qui consolez,
Vous qui écoutez.
Vous êtes les mères
Au cœur gonflé
D'un pur Amour.

À vous toutes les femmes.
Vous qui avez surmonté
La grande épreuve de l'accouchement.
Vous qui allaitez,
Vous qui veillez la nuit
Sur vos enfants chéris,
Vous qui soignez les bobos,
Vous qui couvez
D'un regard affectueux
Vos enfants petits ou grands,
Vous qui avez le courage
D'affronter les épreuves de la Vie.

À vous toutes les femmes.
Vous qui n'avez pas voulu
Ou vous qui n'avez pas pu
Avoir d'enfant.
Vous êtes fortes à votre manière.
Vous créez autrement
Et votre création est grande aussi.
Votre cœur est plein d'Amour.

À toi ma tendre grand-mère,
Mère de ma mère.
Toi dont le cœur d'Amour
Se remplissait de joie
Quand je grimpais sur tes genoux.
Tu me couvrais de baisers,
De pains au chocolat,
De gourmandises et de facéties.
Tu donnais sans rien attendre.

À toutes les filles
Qui tous les mois
Connaissent le secret de la Vie.
Vous êtes des déesses
Car vous avez le don de la Vie.
Vous êtes libres
De choisir votre chemin
Et tout chemin est noble.

Litha

Belle âme,

Tu as traversé bien des tempêtes.
L'orage a grondé.
Les blessures ont été réveillées
Pour que les larmes coulent
Et que l'ancien soit nettoyé.
L'eau t'aide
À guérir tes maux.

Le passé n'est plus.
Tu es libérée
Des chaînes trop lourdes
Qui entravaient ton cœur.
Les ancêtres de lumière
Sont là pour toi.

Ce soir, oublie tes peines !
Elles voguent loin de toi…
Le temps est à la fête.
Que ton cœur inonde
De joie
Tes frères et sœurs !
Que ton âme
Enlace
Pachamama !

Le Soleil embrasse la Terre
Et leurs enfants rendent grâce
Par leurs chants et leurs danses.
Les tambours vibrent.
Les cœurs s'unissent.

Les vieux sages,
Gardiens de Pachamama,
Nous demandent de rester unis.
Les Gardiens de Pachamama
Appellent l'Amour
Au creux de tous les Cœurs.

La Grande Déesse
Demande aux femmes
D'instiller l'Amour pur
Dans le Cœur de tous.

Ainsi nous nous envolons
Vers un monde meilleur
Qui naît en nous.
Belle âme,
Que l'Amour inonde ton Cœur
De ses rayons ensoleillés !

Ta sœur,
Enfant de Litha,
Et toi,
Fille de Beltaine,
Vous êtes deux fées.
Votre Amour infini
Est une arche lumineuse.

Prends ton tambour.
Fais vibrer ta beauté.
Danse sur la Terre,
Pieds-nus
Et cheveux libres,
Parés d'une couronne de fleurs.

Que l'Amour soit
Au cœur de la ronde
Des belles âmes !

Pleine Lune de l'Amour

Belle âme,

La vie s'écoule, les jours passent…
Les épreuves te confrontent
À la grandeur de ton être.
Les initiations quotidiennes
Te grandissent
Et dévoilent ton âme merveilleuse.

Les jours passent, les saisons passent…
Chaque Pleine Lune
Amène ses étapes
À franchir.

Avec la Pleine Lune de l'Amour,
Fais une pause dans ta vie.
Regarde tout ce tu as accompli.
Sois fière de toi.
Ne t'en demande pas trop :
Un pas puis un autre.

Tu as déjà tant avancé,
Tu as déjà tant progressé !
Savoure le fruit
De la reconquête de Soi.

La Lune t'invite
À te baigner d'un Amour
Inconditionnel.
Aime-toi,
Quelles que soient tes failles,
Quelles que soient tes blessures.

Ce sont tes blessures
Qui font de toi
Un être au cœur aimant
Dont la lumière jaillit
Pour venir en aide
À ceux qui souffrent
Car toi tu les comprends.

Ainsi les blessures
Sont-elles transmutées
Par l'Alchimie
De la compassion en toi.

La Lune diffuse
Son Amour maternel.
Elle te donne le message suivant :
Sois une mère pour toi.

Sois bienveillante envers toi,
Belle âme !
Rappelle-toi :
Tu fais de ton mieux
Et tes tout petits pas
Te conduisent au bonheur.

Prends dans tes bras
L'être que tu chéris :
C'est toi.
Dorlote-toi.
Chante des berceuses.
Fais entrer la douceur
Dans ton Cœur.

Le temps de la réconciliation
Est venu.
Fais la paix
Avec ton passé.
Tourne la page.
Va de l'avant.
Tu vas rencontrer
De beaux êtres
Qui vont te réconcilier
Avec l'humain.

Que l'harmonie règne
Dans ton cœur.
Accueille dans tes bras
Ton masculin intérieur,
Ton féminin intérieur.

De ce couple béni
Est né
Le bel enfant que tu es.

Souviens-toi
Du petit enfant en toi :
Il t'appelle.
Il demande l'Amour d'une Mère.
Cette mère, c'est toi.

Ouvre tes yeux
Sur les belles personnes
Autour de toi.
Offre-leur le cadeau
De ta belle présence.
Nourris-toi
De leurs sourires
Et de leurs yeux aimants.

La Lune t'offre sa douceur.
Vois comme elle est belle
Avec sa couleur opaline.

Le parfum de la vanille
T'enveloppe
De ses notes sucrées.

Offre-toi le pardon
De tes défaillances
Et goûte la beauté
De l'instant présent.

Offre-toi
Des vacances de l'esprit.

Le sable chaud est en toi.
Tu entends un ukulélé
Et la lune
Répand ses pâles rayons
Sur une plage de rêve.

Tel est le message
De la Pleine Lune de l'Amour :
Un message

Qui nous plonge
Dans le bien-être
De l'Amour de Soi.

Les fruits de Terre-Mère

Belle âme,

Écoute bien ce message
Car il vient du cœur.
Il vient sourire aux âmes de lumière.
Il vient te nourrir d'amour.
Il vient réparer les cœurs blessés.
Il vient soigner la Terre.

Ce message t'est envoyé
Par les messagers de l'Amour
Venus des quatre coins de la Terre.
Ils t'envoient des mots
De partage,
D'Amour,
De joie,
Au nom de la Terre-Mère.

Les Amérindiens au cœur riche
Te prient de rester dans le cœur
Car l'Amour nourrit Terre-Mère
Et tous ses enfants bien-aimés.

Du désert, une sublime messagère
Porteuse d'une sagesse millénaire,
T'invite à honorer ton corps.
C'est le temple de ton âme.
Aime ton corps,
Véhicule de cette vie sacrée.
Aime ton corps
Et danse !

Le messager aux longs cheveux
Porte le message christique
De l'union du masculin et du féminin.
De l'harmonie intérieure,
L'harmonie entre tous les enfants de la Terre
Jaillira.

Le messager venu des cimes enneigées
Porte dans son regard clair
Et dans son rire de lumière
Un message de joie.

Bel enfant de notre Terre-Mère,
Pose-toi dans le silence,
Nourris ton cœur de joie et d'espoir,
Contacte ton âme
Et demande-lui
De te préparer un avenir joyeux,
De nous préparer un avenir lumineux.

Belles âmes,
Des terres parfumées de Provence,
Un arc-en-ciel d'espoir
A jailli,
Nourrissant femmes, hommes et enfants
D'un Amour riche et puissant.

Un vent d'espoir

Belle âme,

En cette saison, le temps est venu
De sortir de toi.
C'est la saison du corps.
Tu te gorges de soleil.
La mer t'accueille et te nettoie.
Tu te nourris des beautés de Terre-Mère.
Tu cours pieds-nus sur ses chemins.
Tu reviens forte et déterminée,
Les yeux émerveillés, le cœur en paix,
L'âme en joie.

Tu es prête pour la tempête.
Tu vas vers les autres,
Sereine, confiante et pleine d'espoir.
Car tu sais que tu n'es pas seule
Et que des voix s'élèvent
Pour défendre Terre-Mère et ses enfants.

Une clameur parcourt l'Europe :
Liberté !
Freedom !
Libertad !
Libertà !

Venues de l'autre côté du monde,
Des femmes nous épaulent
Et apportent leurs voix au chant d'espoir.

Elles portent dans leurs veines,
Dans leur corps,
Dans leurs jupes,
Les stigmates
Des hommes violents.

Et pourtant elles sont là,
Fières et droites.
Et pourtant, elles ont dans leur gorge
Un chant d'espoir.
Nulle revanche,
Nulle vengeance.
Juste le cri du cœur.

Elles sont venues
Sur les terres de leurs bourreaux
Chanter un chant d'espoir
À leurs frères et sœurs perdus.

Regarde, elles sont là !
Vivantes,
Belles,
Lumineuses,
Dans leurs jupes colorées.

Elles portent le chant de Terre-Mère
Et invitent ses enfants
À ne pas perdre espoir.

Car rien ne peut arrêter
Le vent de l'amour,
De la liberté et des femmes,
Qui ont tissé dans leurs vêtements
La vie et la joie.

La montagne est partie.
Elle est venue nous rejoindre.

Alors, belle âme,
Vois comme tu es bien entourée !

Demande à la Lune
De nous aider à créer ensemble
Un monde plus juste
Pour tous les enfants
De Terre-Mère.

Si tu crois en ton rêve,
L'ombre s'évanouira,
Laissant la place
À ce rêve de lumière.

La tête dans les étoiles

Belle âme,

Tes yeux brillent de mille feux
Comme les astres dans la nuit
Car tu te souviens,
Émerveillée,
Que tu es poussière d'étoiles.

De l'infiniment grand
À l'infiniment petit,
Nous sommes tous reliés.

En nous est le Grand Tout.

Belle âme,
Dans ton cœur palpitent
Les planètes
Qui dansent
Et suivent la chorégraphie
Astrale.

Belle femme,
Ton corps
Est le réceptacle
De ta sœur la Lune
Qui t'inonde de sa douceur.
Elle te rappelle chaque mois
Que tu lui es intimement liée.

Belle âme,
Quand tes pas se posent
Sur le sable mouillé,
Quand tes yeux se posent
Sur le ballet des vagues,
Rappelle-toi que notre bonne Terre
Épouse le rythme de sa sœur Lune.

Belle âme,
Ton corps se gorge de soleil
En ce bel été flamboyant.
Rends grâce à la beauté
Née des rayons divins
Qui donnent à ta peau
Sa couleur de miel.

Belle âme,
Resplendis de toute ta beauté,
Brille de toute ta lumière,
Sois un soleil à ton tour,
Sans rougir de ta grandeur
Car chaque être vivant
Mérite le bonheur,
Mérite la beauté,
Mérite le succès.

Alors belle femme,
Sors ta robe de coton blanc,
Mets tes bijoux couleur de soleil
Et profite de la vie
En courant pieds-nus
Sur le sable doré.

Entraîne dans ta course
Hommes et enfants !
Il est temps de rire
Et de se plonger dans l'eau !

Il est temps de rendre grâce
À l'Univers,
En se souvenant
Que nous sommes tous
Enfants des étoiles.

Lugnasad

Belle âme,

En ce jour de célébration et de fête,
Revêts tes plus beaux habits,
Porte ta couronne de fleurs,
Car tu es un être divin,
Un être de lumière,
Un roi ou une reine de cœur.

Que la joie coure dans tes veines !
Remercie notre chère Terre-Mère
Pour les belles récoltes
Qui nourrissent tous ses beaux enfants.

Ressens dans ton cœur et dans ton corps
L'Amour de Terre-Mère qui palpite.
C'est l'Amour d'une Mère.

Soyons justes
Voyons le sacré en chaque forme de vie
Répartissons les récoltes
Entre chacun d'entre nous.

Fais la paix
Avec ceux que tu vois
Comme des ennemis.

Fais taire en toi
La voix de la haine,
De la division et de la peur.
Ferme les yeux.
Impose le silence
Et ouvre ton cœur.

C'est un jour de paix
Où règnent lumière et amour.
Tes yeux tout neufs,
Tes yeux d'enfant innocent
S'ouvrent et regardent
Avec la sagesse des Anciens.

Sagesse transmise
De siècle en siècle
Et de peuple en peuple,
Au-delà du temps et des frontières.

C'est la sagesse du Cœur,
De l'Amour
Et de la fraternité.
C'est la sagesse
De l'Enfant au cœur solaire.

Sois cet enfant,
Enfant de Terre-Mère
Qui honore l'Amour de sa Mère.

Alors tes yeux d'enfant
Verront la beauté.

L'enfant solaire
Donnera ses cadeaux innocents
À la Terre-Mère.

Tournesol,
Jolis petits cailloux,
Épis de blé,
Billes en verre,
Petits bisous,
Plumes et chansons,
Bonbons au citron.

Sois l'enfant solaire
Qui croit en la magie
Des légendes de Bretagne.
Sois l'enfant qui rêve et voit
Les licornes,
Les druides et druidesses,
Les elfes, les biches
Dans les clairières ensoleillées.

Une porte s’ouvre

Belle âme,

En ce jour particulier,
La poétesse t’invite
À ouvrir ton cœur
Et à croire en la vie.

Une porte s’ouvre
Sur l’Univers et son Amour.
Accorde ton âme
Sur la fréquence du Cœur.

Ferme les yeux.
Fais entrer la joie
Dans ton corps,
Antichambre sacrée
De ton âme chérie.

Le soleil est ton Cœur.
Personne ne peut éteindre
Ta flamme d’amour et de vie
Car ton âme est invincible.

Rien, aucune épreuve
Ne peut faire vaciller la flamme
De ceux qui sont conduits par leur âme
Et savent qu'on les attend ailleurs,
Là où les étoiles brillent la nuit…

Dans ton cœur règne une grande paix
Que les petits jeux des roitelets
Ne peuvent atteindre.

Tu es le soutien attendu par les êtres apeurés.
Souffle un souffle de paix
Sur ce Monde qui t'attend.

Sois une mère pour tous.
En toi coule l'énergie aimante de Marie.
En toi brille le soleil de ton Cœur.

Aujourd'hui, une porte s'ouvre.
Un lion magnifique apparaît
Et t'invite à faire trois vœux.

Le petit enfant en toi
A envie de croire en la magie.
Alors tu souris.
Tu t'ouvres au lion magique
Et tu formules tes trois vœux.
Puis tu laisses l'Univers
T'aimer.

La joie en toi
Ne s'éteindra pas
Car tu sais que les amis des étoiles
T'apportent leur amour

Et accueillent les âmes passées.
Tu sais que le temps n'existe pas
Et que bientôt tu retrouveras
Les aimés
Qui sont de l'autre côté.
Tu n'as pas peur
Pour les aimés fragiles.

Tu ouvres les yeux sur ton bonheur :
Ta famille d'âmes,
Les aimés,
Les aimants,
Les amis,
Les enfants,
Les tambours, les flûtes, les fanfares,
Les chants, les danses, les sourires,
Les arbres, les rivières, les étoiles,
Les pierres,
Les animaux…
La Terre est si belle !

Laisse-toi bercer par la tendresse de la Lune
Qui renaît une fois de plus,
Insufflant l'espoir dans ton cœur triste.

Ouvre ton cœur
Et reçois la magie de l'Amour,
Force indestructible,
Flamme éternelle.

Laisse la Terre aux collines vertes
T'envelopper de son essence aimante
Et te caresser de sa main de mère.

Des mots pour les enfants

Belle âme,

Aujourd'hui, je m'adresse
À ta mère intérieure.

Que tu sois homme ou femme,
En toi réside l'essence maternelle.

À chaque instant de ta vie,
Tu peux trouver en toi
L'amour d'une mère.

Sa force et sa tendresse
Guériront tes blessures enfouies.

La mère en toi
Pose un regard aimant
Sur les enfants du monde.

Ton rôle, belle âme,
Est de les protéger
Grâce à ton Cœur
Empli d'Amour maternel.

Les enfants sont nos guides :
En eux se love
L'amour inconditionnel
De toute forme de Vie.

Les enfants sont le trésor
Que nous devons protéger
De toutes nos forces,
Déployant alors
Nos ailes de dragon.

Belle âme, n'aie crainte,
Nos enfants sont protégés.

Pour t'aider dans cette mission,
Fais appel à la Mère des Mères :
Cœur d'or, cœur d'Amour.
Elle couvre les enfants
De sa cape stellaire couleur de nuit.

Belle âme, il est temps
De plonger en toi,
De te loger dans le silence
Et d'abreuver ton être
À la source d'Amour,
De Paix,
De Force.

Ainsi plongé en toi,
Appelle la Reine du Ciel
Et demande-lui
De t'aider.

La Mère des mères nous demande
De tendre nos cœurs aimants
Vers les enfants du monde.

N'aie crainte, belle âme,
Peut-être as-tu goûté les baies toxiques
Mais tu n'es pas empoisonnée.
Croque désormais
Les pommes de l'Amour
Qui guériront ton cœur meurtri.

Le pommier sacré
Nourrit à jamais
Les êtres de lumière
Qui méritent l'Amour.

La toile de Terre-Mère

Aux quatre coins de Terre-Mère,
Dans les quatre directions :
Nord,
Sud,
Ouest,
Est,
Des hommes et des femmes se rencontrent.

Des voix s'élèvent,
Des cœurs s'unissent.

Une toile est tissée,
Faite d'amour et de conscience.

Un pont est créé
Entre les peuples.

Les âmes se retrouvent,
Les mémoires se ravivent.

De ces rencontres nées hors du temps,
De ces vies dédiées à Terre-Mère,
Naissent des paroles
Qui abreuvent les cœurs,
Qui réparent les blessures,
Qui nourrissent demain.

Les femmes et les hommes
De chaque côté de l'Océan
Sèment des graines de conscience
Qui vont grandir
Dans le cœur des enfants.

S'ils nourrissent cette graine
Alors un demain fait de lumière,
Un demain d'amour et de conscience
Fleurira pour nous tous.

Nous tous qui nourrissons notre cœur
D'amour, de respect et de lumière.

Pour vous nos enfants,
Pour vous les femmes,
Pour vous les hommes,
Pour toutes les âmes blessées.

Écoutez les paroles sages
Du peuple amérindien.
Elles vont aider les graines
Des petits frères et des petites sœurs
À pousser sur la terre de France.

Ainsi les petits frères et les petites sœurs de France
Porteront un regard d'amour
Sur la Terre.

Ils verront le cœur de mère
Qui nous berce,
D'où que nous venions,
Où que nous vivions,
Dans les quatre directions…

Mémoires de femmes

Est-ce que tu nous vois ?
Nous sommes de retour.

Nous, les Gardiennes du Vivant,
Nous avons retrouvé la mémoire.

Nous nous sommes enfin souvenues
De qui nous étions.
Et nous bénissons cet instant.

Nos mémoires douloureuses
Étaient enfouies
Dans les entrailles de Terre-Mère.

Nos mémoires douloureuses
Étaient enfouies
Sous des siècles de silence,
Dans les cendres des sorcières.

Et puis un jour,
Nous avons rencontré
Nos sœurs des peuples-racines.

Nous avons recontacté en nous
L'amour sauvage de Terre-Mère.

Nous avons recontacté en nous
Nos mémoires de chamanes.

Maintenant, nous savons à nouveau.
Nous avons réappris l'art de guérir.

Nous nous rangeons
Aux côtés de nos frères et sœurs ancestraux.

Nous nous approprions
Une culture disparue,
Avec maladresse,
Avec difficultés
Mais avec un Amour profond
Pour la Vie.

Des mots d'amour pour les enfants

Belle âme,

N'oublie pas l'enfant que tu fus,
Il dort en toi, là,
Au creux de ton cœur,
Blotti dans ce cocon douillet.

Prends-le dans tes bras,
Couvre-le de baisers,
Occupe-toi de lui,
Rassure-le,
Console-le,
Réconforte-le.

L'enfant du passé
Ne doit plus avoir peur,
Car tu es là,
Grande et forte.
Tu le protèges.
Tu lui donnes de la force.

L'enfant du passé
Peut crier sa colère
Car elle est légitime.

Belle âme,
Apporte aussi ta lumière
Aux enfants d'aujourd'hui.

Tes enfants,
Tes petits-enfants,
Tes nièces, tes neveux,
À tous les enfants du monde,
Disons-leur ces mots d'amour.

Cher enfant,
Tu es beau.
Tu es une belle âme.
Ton cœur est de miel.
Ta parole est pure.

Je crois tes paroles.
Je te crois quand tu es triste.
Personne n'a le droit de te faire du mal.
Je te protège.
Je t'aime du plus profond de mon cœur.

Tu as mille qualités,
Mille ressorts,
Mille trésors en toi.
Laisse parler ce qui fait ton bonheur.

Tu as le droit d'être heureux.
Trouve ta place,
Tu as quelque chose à apporter
Au vaste monde.
Ta différence est un cadeau.

Ne crois pas ceux qui disent
Que tu ne vaux rien.
Chaque être vivant
A la valeur
D'un trésor inestimable.

Ne te laisse pas comparer
Aux autres.
La compétition n'apporte rien.
Elle n'a aucun sens.
Ce qui a un sens,
C'est la joie d'être Toi.

Remplis ton cœur de bonheur :
Chante, danse, dessine, fais du sport…
Ne te préoccupe pas du regard des autres.
Seuls comptent les regards aimants.

Et le cœur empli du bonheur d'être toi,
Alors tu peux à ton tour
Donner de l'amour
À celui qui en a besoin…

Dans la tour de la Mère

Belle âme,

Personne ne devrait faire de mal aux enfants.
Personne n'aurait dû te faire du mal.
Tu te recroquevilles, tu as peur,
Tu pleures et tu ne comprends pas.

Petit enfant,
Enfant devenu grand,
Personne n'a le droit de te faire mal.
Viens dans mes bras :
Ici, tu es en sécurité.

Je fais apparaître un monde magique
Où se cachent les enfants malheureux,
Jolies fées et tendres elfes…

Pense à ta maman.
Pense à l'amour des mères.

Elle te prend dans ses bras.
Elle te berce.
Elle chante une douce mélodie.
Elle te caresse les cheveux.
Elle chasse avec toi
Celui qui te fait du mal.

Tendre colombe,
Elle devient féroce lionne.
Toi aussi tu es fort.
Tu griffes, tu hurles, tu menaces,
Et tu chasses
Celui qui te fait du mal.

Celui-là est loin de son âme
Loin, si loin, si loin,
Que son âme pleure pour lui
Et les larmes qui coulent
Lavent ta souffrance.

Peu à peu, tu retrouves ton calme.
Ta force revient en toi.
Ton âme,
Petit oiseau jadis affolé,
Revient vers toi.

Tu te retrouves.
Tu te répares.

Dans ton cœur
Tu sens l'amour d'une mère.
L'amour de la Mère des mères.
Un amour si intense
Que ton cœur s'y abreuve
Comme à un puits sans fond.

Alors à ton tour,
Tu prends l'enfant triste dans tes bras.
Tu lui chuchotes des secrets,
Des mots d'amour,
Des mots qui réconfortent,
Cercle infini d'Amour.

L'amour d'une mère,
L'amour de la Mère des mères,
Pour tous les enfants tristes.
Cet amour jaillit des cœurs
Pour éclairer le chemin
De nos enfants bien-aimés.

Une bulle d'amour

Belle âme,

Tu es née de l'Amour.
Un Amour au-delà de tout,
Au-delà de l'entendement,
Au-delà de l'Univers…

Cet Amour enveloppe l'infini
Et nourrit chaque germe de vie.

Chaque étoile qui scintille,
Le Soleil,
La Lune,
La Terre,
L'Eau,
L'Air,
Le Feu,
Les Arbres
Sont nés de cet Amour.

Chaque goutte d'eau,
Les poussières d'étoiles,
Les rayons de soleil,
Les quartiers de la lune,
Les grains de la terre
Contiennent le secret de cet Amour.

Tends l'oreille :
Les fleurs chantent tout bas
Le secret de cet Amour.

Tous les Cœurs
Des hommes et des animaux
Battent au rythme de cet Amour.

Et tous ceux que tes yeux ne voient pas
Te soufflent le secret de l'Amour
En te caressant de leurs douces ailes.

L'Amour se diffuse
En tout et partout,
Dans chaque atome du vivant.

Ferme tes yeux.
Ouvre ton cœur.
Inspire un souffle caressant
Qui traverse ton corps.

Ne sens-tu pas
L'Amour d'une Mère
S'infiltrer dans ce souffle ?

Laisse-toi aller
À cet instant de bonheur.

Sens comme le Vivant
Porte en lui
L'Amour d'une Mère.

Dame Lune de l'Alchimie

Belle âme,

Aujourd'hui, je t'emmène
Pour un voyage dans le temps.
Déploie tes ailes et envole-toi.

Rends-toi compte, mon amie :
La Lune que tu contemples
Fut admirée
Par des hommes et des femmes
En tout temps et en tous lieux.

Ainsi, souviens-toi :
En des temps anciens,
Une belle Dame contemplait la Lune.
Elle était assise devant sa fenêtre,
Elle brodait, pensive…
Sa robe de velours grenat
Luisait à la lueur du feu.

La gente Dame était mélancolique.
Elle songeait à son bel Amour,
Son chevalier parti au loin,
Qu'elle attendait, triste et confiante.

Dans son Cœur
Elle gardait un secret.
Elle savait que Dame Lune,
Sa sœur du ciel,
Allait guérir ses maux d'âme,
En les illuminant de sa lumière nacrée.

Ce secret au fond d'elle était enfoui
Car alors les nobles Dames
Couraient un terrible danger,
Persécutées par ceux qui craignaient
Le pouvoir du Cœur.

Elle connaissait bien des secrets
Et savait comment panser ses plaies
Sur le chemin de la sagesse amoureuse.

Elle avait souffert des maux d'Amour
Mais bientôt était arrivée
Au bout du chemin,
Où l'attendait
La Flamme de la Sagesse intérieure.

Toi aussi belle âme,
Confie tes profondes douleurs
À ta sœur Dame Lune
Et demande-lui
De t'aider à les guérir
À l'aide de son doux feu.

Toi aussi belle âme,
Tu es une gente Dame
Engagée sur le chemin du savoir
Pour éclairer les Cœurs
De ton Amour irisé.

Entrez dans la ronde

Belle âme,

Prends ma main,
Ouvre tes yeux d'enfant,
Souviens-toi de la magie,
Regarde avec le cœur.

Ne vois-tu pas
Les cercles des fées
Dans la forêt brumeuse ?

Elles ont dessiné pour toi
Un beau cercle
Avec les feuilles d'automne.

Ainsi elles t'envoient un message :
Redeviens un petit enfant !
Danse avec nous,
Souviens-toi
Comme nous sommes jolies…

Célèbre avec nous
La joie de vivre
Sur cette belle Terre !

Célèbre avec nous
Un nouveau passage :
C'est celui vers l'hiver.

Avec nos cercles enchantés,
Nous disons au revoir
À l'automne
Et nous t'invitons
À faire entrer dans ton Cœur
L'Amour pour Terre-Mère.

Vois comme elles sont belles
Ses parures d'automne,
Toutes d'or et de pluie.

Vois comme il est beau
Le mystère de la vie,
Drapé dans son voile de brume.

Et bientôt
Tu ouvriras tes yeux
Sur la beauté de l'hiver
Avec le givre brillant
Sous les rayons du soleil,
Tel un bijou de glace.

Et nous les jolies fées
Nous revêtirons
Nos robes fourrées
Puis nous emprunterons
Le chemin magique des rennes.

Alors il est temps pour toi
De redevenir un enfant,
De te laisser bercer
Par la magie des fées
Et de danser
Dans les feuilles mortes…

Fais grandir ton arbre de vie

Belle âme,

De cycle en cycle, tu grandis.
L'automne doré laisse la place
À la blanche féerie de l'hiver.

Tu grandis en sagesse
Sans oublier de rire,
De célébrer la grandeur de ton corps,
De danser ton chemin,
De voir la vie avec le regard de l'enfant.

N'oublie pas que tu peux
Être enfant et père à la fois,
Allier légèreté et sagesse.

Ton arbre de vie a grandi :
Regarde comme ses racines
Sont profondes et solides.
Tu les as ancrées
Dans le terreau fertile
D'ancêtres honorés
Pour ce qu'ils t'ont apporté.

Tu n’as plus besoin de personne.
Tu es ton propre guide.
Tu as déjà tout en toi.
Tu avais juste besoin de t’en souvenir.

Ta force te fait peur
Car elle te plonge dans la solitude.
Tu n’as pas à avoir peur :
Goûte l’amour d’être toi,
Admire le chemin parcouru.

Si tu as peur de ta grandeur,
N’oublie pas que nous sommes là
Pour te soutenir en cas de besoin.
Toujours, tu peux poser ton visage
Sur nos ailes douces et soyeuses.

Alors, conforté dans ta sagesse,
Tu protégeras à ton tour
Les enfants de notre monde
Qui ont besoin de tes ailes.

Ne commets pas l’erreur
D’être l’enfant de tes enfants.
Tu n’as rien à craindre d’eux.
Tu peux être leur guide et leur phare.

Tu dois être le père sage et fort
Qui les protège dans la nuit,
Le père guéri de ses peurs,
Celui qui a affronté les épreuves de la vie
Et a compris qu’il avait tout en lui.

Souviens-toi, belle âme,
Que tu as tout en toi :
L'insouciance du petit enfant,
La force du père,
La générosité de l'homme
Qui veut faire naître
La joie dans le cœur des aimés,
La magie de la jolie fée,
La tendresse de l'ange,
La sagesse de l'ancien,
L'amour de la mère
Et tant de choses encore…

Pour une semaine en conscience

Belle âme,

Les jours passent,
Ils épousent la ronde des astres.
Les semaines dansent
Dans le cercle de la Vie.
Les jours se balancent
Dans le mobile du Temps.

Veux-tu vivre ce Temps
En conscience ?
Veux-tu danser
Au rythme des planètes ?

Lundi :
Habille-toi de mystère.
Laisse parler en toi
Le féminin.
Honore ta sœur Lune.
L'améthyste est ton alliée
Et le violet ta couleur.

Mardi :
Tes pensées se dirigent
Vers Mars le guerrier.
Ton souffle s'équilibre

Avec le masculin en toi.
Tu es forte et en sécurité,
Bien ancrée dans le rouge,
Un jaspe dans ton cœur.

Mercredi :
Ton œil intérieur contemple
Mercure le voyageur.
Comme lui, enfile tes sandales ailées.
Enveloppe-toi de sagesse
Et conduis ton esprit
Vers l'éther de ton âme,
Auréolée de jaune safran,
Protégée par la cornaline.

Jeudi :
Jupiter de son mont sacré
Partage avec toi
La justesse du Père.
Imprègne-toi de sa loi
Et de son équilibre.
Deviens à ton tour
Le pilier protecteur.
Revêts la couleur du Ciel
Aux reflets de labradorite.

Vendredi :
Le féminin revient en toi
Pour une paisible harmonie
Par Vénus favorisée.
Vois comme tu es belle…
Ton cœur est une émeraude
Incrustée dans ton corps,
Ainsi le vert manifeste en toi
L'alliance Corps et Cœur.

Samedi :
À l'intérieur de toi,
Dans ta nuit profonde,
Tu vois au loin une planète…
C'est Saturne.
Tu la distingues à peine
Car elle s'entoure de mystère.
Elle aime être cachée
Pour se livrer à l'introspection.
À ton âme, tu es reliée.
Dans le silence, tu écoutes
Les messages de l'invisible.
Le bleu indigo couleur de nuit
S'éclaire à la lueur des étoiles,
Sœurs du lapis-lazuli.

Dimanche :
Un cycle s'est terminé.
Tu renais comme le phénix,
Forte de ta conscience.
Tu te nourris de ton feu intérieur
Alimenté par le Soleil.
Soleil, force de Vie
Que tu remercies.
Tu es pleine de gratitude
Pour le Feu
Qui coule dans tes veines.
Tu vibres le jaune.
La citrine brille de mille feux.
Tu es prête pour un nouveau cycle.

Le cœur pur des enfants

Je suis au cœur des enfants
Et j'entends leur souffle,
J'entends leur cœur battre.

Je suis au cœur des enfants,
Le silence habite leur âme.

Je suis au cœur des enfants.
Ensemble, nous entendons
Des mots inattendus
Qui percent le silence.

Une toute petite voix
Vole parmi eux.

De ses mots,
Naissent des images.

Ils voient l'enfant
À peine plus âgée qu'eux.
La silhouette de la jeune fille
Se dessine sous leurs yeux.

Ils voient le pays blessé
Et la jeune fille meurtrie.

Ils voient sa maman
Au cœur brisé.

Ils voient une autre vérité,
La vérité de ceux
Qui ont perdu leur âme.

Et de la petite voix
De la princesse orientale
Brisée en mille morceaux,
Naît une autre vérité.

La princesse de la Forêt,
De sa voix mélodieuse,
Fait naître les enfants de la Forêt
Dans le silence des enfants de France.
Ils entendent leurs jeux et leurs larmes.

Et depuis ce jour
La voix de la Forêt
Chante dans leur âme.

Et depuis ce jour
La voix du désert
Chante dans leur cœur.

À ces vérités sans nom,
Les enfants ont répondu.
Ils ont offert leurs larmes.
Ils ont offert leurs battements de cœur.
Ils ont offert leurs mercis.
Ils ont offert leurs sourires.

Et j'ai serré sur mon cœur
La princesse brisée,
Lui offrant le berceau
De mon Amour immémorial.

Entre nous,
Nous avons réparé
Les cœurs brisés des peuples
Se ressourçant
À l'eau pure de nos larmes.

Pleine Lune du Chêne

Belle âme,

Redeviens l'enfant que tu fus.
Ouvre ton cœur au rêve,
Ouvre ton âme à la magie.

La fatigue engourdit tes membres.
La nuit tombe.
Tes yeux se ferment devant le feu
Qui brûle dans la cheminée.

Comme le Soleil dans le Ciel,
Marque une pause
Dans ta vie mouvementée.

Dehors,
Les étoiles brillent
Et les rayons de la Lune
Éclairent les grandes forêts du Nord.
L'outarde vole au-dessus des arbres sacrés.

Au cœur de la forêt,
La mémoire des anciens sages
Survit dans l'écorce des arbres.

Le silence règne
Comme il règne en ton âme.

À peine entend-on
Le froissement des ailes
Du hibou qui s'envole.

À peine entend-on
Les fées, lutins et gnomes
Qui chuchotent dans l'ombre.

Fais taire la voix en toi.
Tes pensées se déposent
Dans les flammes des bûches.

Du silence de ton cœur
Naît un chant doux
Qui guérit tes blessures.

C'est le chant de ton âme
Unie au chant du monde,
Unie au chant de la Terre.

C'est la concorde des cœurs.
C'est le temps des retrouvailles.
C'est le temps des messages
Venus des contrées lointaines.

Il est temps de faire taire
Les voix de la discorde.

Il est temps de s'unir
Pour offrir à la Terre
Toutes les flammes des amours
Qui ont l'âge de la Terre.

Le temps de Yule

Belle âme,

Il est temps de te relier
À la sagesse des arbres,
À la sagesse des ancêtres.

Reconnais ce que tu dois
À la nuit des temps.

Honore ton arbre de vie.
Arrête-toi.
Retourne-toi
Et regarde le chemin parcouru.

Pardonne-toi tes erreurs.
Aime-toi sans condition.

Remercie pour l'année passée
Et ce que chaque jour
T'a apporté.

Regarde les flammes
Qui s'élèvent
De la bûche consacrée.
Écoute le message du feu.

Écoute la sagesse
Des arbres-maîtres,
Frênes et chênes…

Écoute la magie
Du conteur
Qui te rappelle
D’où tu viens.

Écoute la magie
Du conteur
Qui te dévoile
Tes racines.

Avec lui,
Pose un autre regard
Sur ton passé.

Avec lui,
Reconnais la chaîne
Des grands sages.

Écoute les mots
Qui narrent
Les épopées.

Odin parcourt
Le ciel
Dans son char.

Ses chevaux ailés
S’envolent haut dans le ciel,
Te montrant
Ce que toi aussi

Tu peux parcourir
En écoutant les paroles
Des vieux sages.

Dans ton cœur
Imprègne-toi
De leur sagesse,
De leur savoir,
De leur tendresse,
De leur confiance.

À ton tour
Deviens le berger
Qui guide les aimés,
Qui éclaire le sombre chemin,
Qui connaît la forêt,
Qui inonde le monde
D'un Amour intarissable.

Sois généreux.
Ne ferme pas ton cœur
Aux paroles fausses et vaines.
Regarde avec l'œil de ton âme.
Écoute avec l'oreille du sage.
Plonge dans le silence
Et offre ton sourire au monde.

Le temps d'Imbolc
le retour de l'espoir

Belle âme,

Viens, attrape ma main,
Et entre dans la ronde !

Aujourd'hui, la déesse Brigitte
Est venue te chercher
Pour t'inviter à la fête
Et te rappeler qui tu es.

Tu es comme la belle déesse
Un être de la Terre.
Ta part féminine
Te donne une force incroyable.

Tu as la force de la mère
Qui protège ses petits.
Tu as la force de la Terre-Mère.

Tu as la force de la Vierge Noire,
Dont la couleur te rappelle
Ton lien à la Terre.

Tu as la force de la Lune,
Petite sœur de Terre-Mère.

Les déesses te rappellent
Qu'en toi tu as cette force.
Tu ne crains rien.

La Terre te montre le chemin :
Comme les saisons,
Tu renaîtras à l'infini,
Vêtue de nouveaux habits.

Alors, que crains-tu ?
Si tu es forte,
Tu es libre.
Si tu es forte,
Tu n'as plus de peurs.

La joie habite ton cœur,
La confiance éclaire ton regard,
La liberté court dans tes veines.

Un vent d'espoir
Souffle sur ton être.
C'est l'espoir de la renaissance.
C'est l'espoir du Printemps.
C'est l'espoir du Soleil
Qui te rappelle
Le principe du cycle.

Après le sombre hiver,
Revient la lumière.

Place ton espoir
Dans ton lien sacré à la Terre.
Remercie Terre-Mère
Et honore-là
Chaque jour de ta Vie.

Petite fille

Tu te souviens
De la petite fille
Que tu étais
Et un amour infini
T'enveloppe
Tendrement.

Tu te souviens
De tes rires,
De tes joies,
De ton amour sans honte.

Tu aimais sans retenue.
Tu aimais pleinement
Et tu plongeais
Dans l'amour d'Elle
Sans respirer.

Ton cœur d'enfant
Se gonflait de joie
Quand tu La retrouvais.

Et partout, tu La cherchais.
Et partout, tu La trouvais,
Sans comprendre cet amour
Qui te dépassait.

Tu avais le souvenir
De sa peau noire
Auréolée de soleil et d'or,
Terre de volcan.

Tu avais le souvenir
De sa cape constellée,
Princesse du ciel.

Et ton cœur était rempli
De son amour
À nul autre pareil.

Et personne ne comprenait
L'étrange petite fille
Que tu étais,
Pleine de prières et de larmes.

Tu te sentais seule,
Perdue et triste,
Incomprise.
Tu voulais être une princesse.
Tu étais une petite fille
Aux cheveux noirs et courts.

Et tu te souvenais
De tous ceux qui te haïssaient,
De tous ceux qui te voyaient sorcière.

Alors tu as fermé
Ton coffre aux trésors.
Tu as enfermé
Ton âme si étrange
Que seule ta petite sœur
Comprenait.

Cette petite fille
Aux cheveux courts,
Tu l'aimes profondément
Car elle est toi.

Tu aimes sa poésie,
Sa grâce,
Sa magie,
Son étrangeté,
Ses rires,
Son amour,
Sa démesure.

Tu l'aimes
Car c'est exactement
Ainsi que tu es.

Et puis ils sont venus
Tous les grands enfants comme toi.
Après des années dans le noir
Ils ont éclairé ton âme
De leur silhouette arc-en-ciel.

Alors tu as ouvert
La cage
Et tu as libéré
Ton âme.

Aujourd'hui, ton cœur est rempli
Des sourires de ceux qui savent,
Ceux qui se souviennent,
Ceux qui t'aiment
Telle que tu es.

Aujourd'hui, ton cœur est rempli
Des âmes d'ici et d'ailleurs,
Des mille beautés de la Terre.
Aujourd'hui, ton cœur est rempli
De mille et mille mercis.

Ainsi va l'alchimie de la Vie
Qui fait, si tu le veux,
De chaque instant
Un poème lumineux.

La colombe

Je ne suis qu'un poème,
Je ne suis qu'une semeuse de mots,
Je ne suis qu'une brindille…

Je vogue sur la Terre,
Je traverse l'Univers.

Écoute-moi bien :
Des mots et des intentions
Ont un pouvoir immense
Qui fait trembler les plus grands.

Si des milliers d'âmes
Allument leur flamme,
Si des milliers d'âmes
Prennent quelques instants
Pour faire naître dans leur cœur
La Paix,
Alors la lumière se répand.

Installe la paix en toi.
Cesse tes débats stériles
Qui font naître une colère
Contaminant le monde entier.

L'extérieur est le miroir
De ton intériorité.

Regarde en l'autre
Le grand enfant que tu es.

Ainsi de ton cœur
S'envolent des colombes
Qui partent aux quatre coins
Du monde.

Maintenant mon ami,
Ferme tes yeux
Et fais chanter en toi
Une prière de paix.

L'alchimie du chemin

Belle âme,

Contemple ce chemin
Qui fait de toi cet être
Merveilleux.

Pas à pas
Tu apprends à te connaître,
Tu apprends à t'aimer.
Tu apprends l'art du poète
Qui fait de l'or avec ta boue.

La Vie est une poétesse
Qui t'apprend à magnifier
Chaque blessure en toi.

De chaque faille
Part un rayon de lumière
Qui fait de toi
Une âme faite de beauté.

Aime en toi
Cette fragilité,
Cette vulnérabilité.
Accueille la souffrance du monde
Qui trouve un écho en toi.

Parfois, cet écho est si fort
Que tu as envie de porter une armure,
De fermer tes oreilles,
De fermer ton cœur,
De ne plus rien sentir
Et de mourir à toi-même.

Parfois, tu désespères.
Tu te sens seule.
Tu pleures devant tant de folie,
De haine,
D'incompréhension,
De colère,
De peur,
De violence
Et tu as envie de brûler
Ce monde sans âme.

Tu cries
Mais personne ne t'entend.
Tu te sens impuissante.
Tu te sens faible et nulle.
Tes mots se perdent dans le néant
Et tu ne comprends pas pourquoi.

Mais l'or brille en toi.
Ton cœur est ton armure.
Tu ne dois pas refouler tes larmes.
Tu ne dois pas avoir honte de toi.
Ton amour est ta force.
Ta faiblesse est ta puissance.

Laisse ton cœur ouvert.
Regarde la lumière.
Vois les enfants merveilleux.

Vois les hommes et les femmes
Qui portent en eux
La flamme de l'espoir,
Sourire aux lèvres.

Ne ferme pas ton cœur à l'amour.
En toi, tu as une force d'accueil.
Tu peux poser ta tête
Sur l'épaule aimante
De l'homme fragile.

Ne ferme pas ton cœur à l'amour.
Tu peux à ton tour
Guérir cet homme blessé,
Poser ta main sur sa joue
Et te réconcilier avec toi-même.

Accepte qui tu es :
L'ombre de tes peurs,
L'ombre de tes blessures.
Accepte ces souvenirs tristes,
Cette soif intense d'amour
Qui te vient de l'abandon premier.

Accueille tes larmes.
Enduis ton visage de terre.
Prends la couleur de la Terre,
Telle une Vierge Noire
Qui n'oublie jamais d'où elle vient,
Ni qui elle est.

Trouve refuge dans ta grotte
Que tu éclaires d'un amour infini.
C'est ainsi que ta boue
Deviendra l'or de tes mots.

Pleine Lune de la Vierge

Belle âme,

Avec un tendre sourire aux lèvres
Et la joie dans ton cœur,
Contemple ce lien d'amour
Qui t'unit corps et âme
À ta Mère-Terre.

Le calendrier cosmique
Te rappelle maintes fois
Que tu es poussière d'étoiles,
Fille de la Terre
Et sœur de la Lune.

Avec amour et tendresse
Ton cœur vibre à l'unisson
Du ciel étoilé,
De la Lune opaline,
De la Terre vibrante.

Telle une Vierge Noire,
Tu enduis ton visage de terre,
Tu t'enfouis dans ta grotte,
Tu fermes les yeux
Et tu sens dans ton cœur
Le doux amour de la Mère Cosmique.

Ton cœur est léger
Comme une jeune fille.
Il bat à peine…

Tu t'envoles dans les étoiles
En milliards de particules.
Tu te fonds dans l'Univers
Et tu sens son Amour en toi.

La Terre est si belle !
Sa beauté t'émeut.
La mer est calme et sereine,
Illuminée
D'algues luminescentes.

Ainsi, belle âme,
En ce jour de Lune Pleine,
Remercie l'Univers
Car tu sens en toi
L'accord parfait
De la Mère Cosmique
Et de Mère-Terre.

Ainsi sur tes épaules
La Reine du Ciel
A posé sa cape stellaire.
À ton cou
Tu portes
Un lapis-lazuli.
Et sur ton visage
La Vierge Noire
À déposé
La terre du volcan.

Tes yeux noirs
Brillent dans la nuit,
Confiante en ce beau mystère
D'une vie sur notre Terre.

À la lueur de la bougie,
Tu chuchotes des mots d'espoir
Et tu penses à Marie-Madeleine,
Avec ses longs cheveux bruns.

Tu es fière d'être née femme
Et de porter en toi
Ce cœur mystique
Qui t'unit au doux Amour
Des déesses aux courbes
Aussi voluptueuses
Que celles de la Terre.

Le temps d'Ostara

Belle âme,

Aujourd'hui est un jour de fête
Où les flûtes et les tambourins
Régalent nos oreilles
De leurs accents celtes.

Chaque célébration te rappelle
Le rythme de la Terre
Auquel tu es uni.

Dans cette vie, tu es enfant
De la Terre-Mère.
Elle t'accueille
Et te nourrit de son amour de mère.

Alors, guéris ton âme malade.
Guéris ta mémoire voilée
Et souviens-toi de ce que tu dois
À notre chère Terre-Mère.

Souviens-toi que tu es un être sacré.
Souviens-toi de ce que tu dois à l'eau,
Souviens-toi de ce que tu dois à l'air,
Souviens-toi de ce que tu dois au soleil…

Célèbre la force de vie
Qui coule dans tout le vivant,
Sans lequel tu ne serais pas ici.

Le calendrier des anciens
Te rappelle qui tu es.
Chaque jour, tu renais.
Un nouveau Moi apparaît
Et tu fêtes le sang
Qui coule dans tes veines.

Chaque printemps, tu renais.
Tu fêtes ce nouveau Moi,
Plus grand, plus sage, plus conscient,
Nourri d'amour…

Le Soleil coule dans ce nouveau Moi,
L'inonde de lumière,
Lumière de la Vie,
Lumière de l'Amour.

Et chaque nuit,
Dans le grand mystère,
Tu enfantes un nouveau Moi
Né de ton couple intérieur.

Aujourd'hui belle âme,
Célèbre ce couple intérieur,
Nourris son harmonie.

Que ton féminin prenne dans ses bras
Le masculin empli de tristesse
Pour le consoler,
Pour le réconforter

Et lui expliquer
Qu'il n'y est pour rien.

Que le féminin
Guérisse le masculin
Au cœur pétri de honte
En le lavant de l'eau pure
De ses larmes maternelles.

Alors de ce couple réuni
À l'aune du pardon,
Naîtra un nouveau Moi,
Encore plus lumineux,
Encore plus vaillant,
Encore plus aimant,
Encore plus confiant.

Dans le jardin de ta Vie,
Tel un enfant plein de joie,
Tu t'amuseras à chercher
Les œufs nés de cette union sacrée.

Il y en a tant et tant…
Il y en a autant
Que chaque matin
Qui te voit renaître,
Nouvelle conscience
Aux couleurs du Soleil.

Femme

Aime-toi sans conteste,
Aime-toi sans complexes.

Sois pour toi une amie,
Sois pour toi une sœur.

Aime profondément
Tes sœurs, tes amies,
Et vois en elles les beautés de la femme.

Invite l'homme à voir ta grandeur
En lui montrant ta lumière et ta force.
Car en t'aimant toi-même
Tu feras des autres
Des alliés indéfectibles.

Pour toi, aie le regard de l'amoureux.
Un regard plein de tendresse,
Un regard qui voit la beauté des corps.

Femme, embrasse ton âme.
Sois toi-même.
Ose les interdits.
Sois celle que tu rêves d'être.

Aujourd'hui ma sœur
Célèbre ton cœur de femme
Et invite à la fête
Tous les hommes et toutes les femmes
Que tu serres sur ton cœur.

Aujourd'hui ma sœur,
Souviens-toi de la petite fille que tu étais
Et aime-la d'un amour de lionne,
Aime-la sans réserve.

Aime sa folie, ses rires, ses pleurs,
Ses appels de tendresse, ses visions du cœur,
Ses cheveux courts et sa silhouette d'elfe.

Aujourd'hui ma sœur,
Souviens-toi de l'adolescente que tu étais.
Chéris le sang qui coule chaque mois
Car il te rappelle que tu es fille de la lune.

Aujourd'hui ma sœur,
Souviens-toi avec tendresse
Des femmes de ta famille,
Des femmes de ton arbre
Et contemple le legs transmis.

Legs de tissu,
Legs de plume,
Legs de gitane,
Legs de mélancolie…

Aujourd'hui ma sœur,
Vois avec gratitude
Ce que t'ont offert

Toutes tes sœurs :
Des fous rires,
Des moments de folie,
Des larmes,
Des savoirs.

Ainsi filles de la Terre,
Vous dansez la danse de la joie,
Joie d'être femme
Et de s'aimer ainsi
Pour se laisser aimer
Par celui qui voit la lumière de la femme
Tandis que tu vois la lumière de l'homme.

Mon amie ma sœur,
Tu peux être celle que tu veux :
Sorcière ou fée,
Princesse ou reine,
Pilote ou scientifique,
Poétesse ou bergère…

Seul l'amour de l'essence de femme
Compte dans ton cœur joyeux.

Le legs des ancêtres

Belle âme,

Souviens-toi
De ce que tu dois
À ceux qui ne sont plus là.

Ils sont toi
Et tu es eux.

En toi
Leur sang coule.

En toi
Leur histoire marche.

Et tu leur parles
Car ils t'entendent.

Tu leur dis merci
Pour le legs.

Legs de dons,
Legs de sensibilité.

Legs de poète,
Legs de terre,
Legs d'humilité,
Legs d'enseignant,
Legs de peintre.

Et tu te souviens
De ce que tu sais.

Une lignée de femmes
Qui t'a offert en partage
Tendresse maternelle,
Élégance,
Cheveux sombres,
Peau de terre,
Yeux d'oiseau.

Et puis tu prends aussi
Les mystères,
Les questions sans réponse,
L'enfant abandonné
Dont on ne connaît pas le père.

Ces silences inavoués
Autour des ancêtres honteux,
Tous ceux qu'ils rejettent
Et que tu accueilles dans ton cœur
Car tu sens que tu es celle
Qui les reconnaît
Et qu'ils sont ceux
Qui se reconnaissent
En toi.

Ils t'ont donné
Cet air d'étrangère,
L'apparence de celle
Dont on ne veut pas.
Celle qu'on regarde de travers,
Celle qui est louche,
Celle qui vient de l'inconnu,
Celle dont on se méfie,
Celle qu'on juge,
Celle qu'on rejette.
La sorcière,
La maigrichonne,
La bronzée,
La ratée,
La bizarre,
La trop sensible…
Justement, c'est celle
Que tu es
Et dont tu es fière :
La Différente.

Tu sais qu'elle vient d'ailleurs,
Un ailleurs inavouable.
Une femme qu'on cache
Dans le silence de la maison
Car elle est celle qui fait honte.
Elle est celle qui vit.
Elle est celle qui danse.
Elle est celle qui voit au-delà.

Elle fait du tapage.
Elle s'habille en rouge.
Elle danse et chante et crie.
Elle a de longs cheveux noirs.

Son sang est trop rouge,
Comme sa bouche maquillée
Et la fleur dans ses cheveux.
Elle tape du pied et n'a pas de maison.
Elle refuse de rentrer dans le rang.
Elle clame sa différence
Mais elle sombre dans l'oubli.
Comme tous les aïeux venus d'ailleurs,
Un ailleurs qui fait peur
Car il cache bien des violons,
Des cartes et des terres inconnues,
Lointaines, trop lointaines.

Ils cachent des guérisseurs,
Des poètes et des sans-le-sou,
Des semelles de vent,
Des Tziganes et des Juifs,
Des sans-nom et des sans-père,
Tous ceux que tu accueilles
En ton sein.

Les ancêtres nous donnent aussi
Le legs dont il faut se défaire.
Celui-là tu le laisses
À la poésie,
À la peinture,
À la danse,
Au vent,
Aux nuages,
Aux rivières,
À la Terre…

Et ce legs de tristesse,
De pleurs,
De défaites,
De mal-amour,
De trop-amour,
De pauvreté,
Le lien qui empêche d'être soi,
L'Archange est là
Pour le couper net
Du tranchant de son épée.

Le lien malsain tombe à terre
Et notre Mère à tous
L'accueille dans ses bras noirs.
Elle le prend dans sa grotte
Pour l'aimer
Et l'éclairer de sa lumière,
Tel un enfant mal-aimé.

Ainsi un nouveau Moi est né.

Belle âme, désormais,
Tu sais qui tu es.
Tu es toi-même.
Reconnaissante pour le legs de lumière,
Libérée du legs sombre,
Emplie d'amour pour les ancêtres
Qui sont à l'intérieur de toi
Sans être totalement toi.

Lumières de Mère-Terre

Belle âme,

Belle enfant, chaque jour tu grandis.
Chaque jour, tu apprends qui tu es.
Chaque jour, tu fais grandir ta lumière.
Tu apprends tant de choses !

La Vie est un jeu,
Un chemin parsemé d'épreuves.
Mais ta force grandit
Afin de préserver en toi
La flamme originelle
Qui fait briller ta lumière.

Car tu dois rester une lumière
Malgré les obstacles.
Mère-Terre a besoin de toi,
De ta grandeur et de ta beauté.

Depuis petite tu batailles
Pour trouver ta place de femme.
Tu as été piétinée
Maintes et maintes fois
En tant que femme.

Et tes cheveux noirs,
Et ton regard sombre
Trouvaient consolation
Dans la Vierge à qui tu ressemblais,
La Vierge noire,
La Mère-Terre.
Même beauté cachée et bafouée.

Tu as été niée et reniée
Mais cela est derrière toi.
Tu te libères de ce poids
Et tu ne prends que le meilleur.

Créativité,
Cœur,
Joie,
Chant,
Fleurs
Sont tes armes et tes pas.

Tu coupes d'une épée de feu
Les souvenirs malsains
Qui t'empêchent de briller.

Tu t'ouvres à la vie
Comme une belle fleur.

Mère-Terre t'attend.
Elle a besoin de ta voix.
Elle a besoin de ta lumière
Pour briller à nouveau.

Ressource-toi auprès de tes sœurs.
Ensemble, retrouvez votre pouvoir
Et souvenez-vous de qui vous êtes
Tout au fond de vous,
Tout au fond de la mémoire la plus ancienne.

Vous êtes des fleurs épanouies,
Des fées qui chantent et dansent,
Des cœurs de guérisseuses,
Des lumières de conscience,
Des femmes blessées puis guéries,
Des guerrières au service de Mère-Terre.

Tournons toutes les pages du passé.
Écrivons un nouveau monde
Empli de la sagesse féminine
Alliée à l'amour tendre de l'homme,
Compagnon de route et de cœur.

Créons une arche de lumière
Au-dessus de nos enfants.

Ensemble, guérissons Mère-Terre
Et tous ses enfants tristes
Qui se meurent,
Assoiffés d'amour et de conscience.

Mets ta couronne fleurie
Et puis danse avec tes amies
Dans la prairie printanière.
Que vos chants éveillent les âmes aveugles,
Que vos chants enchantent Mère-Terre !

Va là où te portent tes pas

Belle âme,

Sur notre si belle Terre
Il y a mille et mille lieux
Où porter tes pas
Pour te ressourcer.

Notre Mère la Terre
Donne et donne encore,
Son amour
Et ses soins
À tous ses enfants.

Il y a bien longtemps de cela,
En mille lieux de beauté,
Les ancêtres ont pétri de leurs mains
Des pierres, des statues et des chapelles
Qui contenaient en leur sein
L’amour du divin.

Pour trouver ces lieux magiques,
Ouvre ton cœur d’enfant.
Regarde avec les yeux du cœur.
Crois en la magie,
Tel l’enfant
Que tu n’as jamais cessé d’être.

Abandonne-toi
À l'instant présent,
Que tu célèbres
Et que tu fêtes
Comme le meilleur,
Car seul le présent existe.

Il est l'instant de vie
Qui court dans tes veines
Et anime ton corps.

Ainsi, laisse-toi guider
Par ton âme
Et vois comme tes pas
Te portent
Là où la magie règne.

Honore ce lieu.
Honore les ancêtres
Qui l'ont préservé
Et ont guidé tes pas.
Ton cœur se connecte
À la Mère universelle,
Guérissant tes parts d'ombre.

Ainsi en te guérissant,
La Terre se gonfle d'amour
Et tu répares les temps futurs
Pour que nos enfants
Vivent des jours heureux.

Ainsi l'âme te guidant,
Tu retrouveras les lieux bénis
Et tu chanteras ton amour pour la Mère
En te rapprochant de son cœur.

Va là où te portent tes pas :
Dans les cryptes,
Dans les grottes,
Dans les forêts,
Dans les criques…

Suis le chemin de ton cœur
Et tu trouveras la joie
Dans chacun de tes pas.

Tes parts d'ombre

Aujourd'hui mon amie,
Je m'adresse à qui tu es
Au plus profond de toi-même.

Parfois, sur le chemin,
Il faut descendre en nous,
Une lampe à la main
Et affronter les ombres
Des monstres que nous avons créés.

Dans la grotte obscure
Tu as enfoui les parts de toi
Que tu veux cacher.
Et pourtant…
Il va falloir les éclairer
Et les transmuter
À la lumière de ton art.

C'est là que nous attendent
Nos cris et nos larmes.

Tous ces mots qui te hantent.
Tous ces mots incessants,
Ce bavardage sans fin,
Cette voix omniprésente
Qui ne veut pas se taire
Et t'empêche d'être toi.

Tous ces souvenirs qui te font honte,
Qui te blessent et te souillent.
Les maux de femme
Et les moments sombres
Où ta souffrance a été sans écho.

Tout ce mal que tu t'es fait,
Tout ce manque de respect
Envers la belle âme que tu es.
Toutes ces erreurs que tu as commises
Au nom d'une soif d'amour
Jamais assouvie.

Et ce besoin d'être aimée,
Quitte à tricher.
Et cette croyance
Que pour être aimée
Il faut être la meilleure.

Cette enfant qui pensait
Ne pouvoir être aimée
Que pour son intelligence.
Cette enfant qui se pensait sans valeur,
Sans beauté
Et sans mots à dire.
Cette enfant qu'on faisait taire.
Cette enfant
Qui n'avait pas le droit d'exister.
Cette enfant
Qui ne pouvait rire ni chanter.

Cette enfant crie toujours
Son besoin sans fin
D'être aimée,
Quitte à ne pas être elle-même.

Et cette soif inextinguible
Ne peut jamais être comblée.

Regarde-toi dans un miroir.
Regarde cette eau sale et croupie.
Tu y vois le reflet
De tes manquements et de tes peurs.

Tes angoisses sans fondement.
L'impression d'être une incapable,
Une mal-aimée
À jamais
Plongée dans l'eau malsaine
De la solitude.

Qui es-tu encore ?

Il faut accueillir tes parts d'ombre
Et accepter ta faiblesse
Car elles mettent en relief
Ta grandeur d'âme.

Il faut te souvenir
De ton Moi profond
Et lui réserver une place
De Roi
Au milieu de ce fouillis
Sombre et informe.

Chaque instant doit te ramener
Sur le chemin de la quête.
La quête de ton Moi profond
Qui te rapproche
De ta vraie nature.

Ne perds pas espoir.

Le miroir et le flambeau
Sont là pour t'aider
À révéler ta grandeur,
Au milieu des regards
De tous ceux
Qui te veulent
Petite et faible.

Enfant de l'Univers

Belle âme,

Une vie d'homme
Pour se souvenir
De qui on est
Et d'où on vient…

Ton âme
Est ta plus fidèle amie.
Avec elle,
Tu te souviens.

Ferme les yeux,
Respire doucement.
Écoute ton corps.
Alors…
Tu te souviens.

Ton œil intérieur
S'ouvre sur une vision
Magnifique.
Tu vois
La voie lactée
Et le ciel étoilé.

Ton cœur bat
Au rythme de l'Univers.

Ton corps se remplit
D’une vague d’amour,
De félicité et de bien-être.

Tu sais
Qui tu es.

Le petit ego
Se débat
Et croit pouvoir tout régler.
Mais s’il s’apaise
Et prend conscience
De sa petitesse,
Tu sens en toi
La douceur de l’Univers.

Tu es enfant de l’Univers
Comme nous tous ici.
Tu es poussière d’étoiles
Et ta Mère est noire
Comme le ciel étoilé.
Ton cœur vibre
Au rythme de l’Univers.
Ta respiration est calme,
Tout va bien en toi.

Tu te souviens
De tes frères stellaires
Et tu souris
Car tu es la sœur
Du Petit Prince.

La Vie
Est une histoire d’amour
Entre la Terre et le Ciel.

Le mariage entre le Ciel et la Terre

Belle âme,

Fils et filles des Étoiles,
Il est temps de vous souvenir
De votre véritable nature.

Les pieds sur Terre,
Tu invoques la grâce
De cette splendide sphère
Où tu es venue apprendre
Tant et tant
Pour devenir meilleure
De vie en vie.

Mais quelque chose en toi
Te souffle
Que tu viens d'ailleurs
Et que tes frères stellaires
Sont ici et là-bas.

Ton âme pleure.
Ton âme se languit.
Quand viendra le temps des retrouvailles ?
Où sont-ils ?
Tu te sens bien seule
Mais tel est ton chemin de vie.

La nuit, tu regardes
Le ciel étoilé
Et ton cœur bat
Au rythme de l'Univers.
Tu penses à tous tes frères
Ici et là-bas,
Au-delà des océans
Et ton cœur se serre.

Les voix du passé
Parviennent jusqu'à toi
Et dans les villes magiques
Tu vois les signes laissés,
Siècle après siècle,
Par les sages bien-aimés.

Tu vois les Vierges noires
Gardiennes de l'Amour.
En elles, tu te ressources.
Avec elles, ton âme retrouve
Les parcelles du ciel étoilé.

Tu vois l'horloge astronomique
Qui te rappelle
Ton lien avec la Lune.
Et tu alchimises tes souffrances,
Ta solitude et tes blessures
Dans la beauté du monde,
Dans la beauté des mots
Qui guérissent et enchantent.

Les voix du passé
Te montrent les traces
Des grands ancêtres.

Et ton cœur se gonfle d'amour.
Tu te sens pleine de gratitude
Pour le savoir partagé.
Et ton cœur bat
Au rythme des grands ancêtres.

Et tu vois la pierre fluorescente.
Une pierre plus vieille que tous les âges.
Une pierre aimée par les grands ancêtres.
Elle brille de mille feux
Et te rappelle qui tu es.
La pierre vibre et son cœur bat.
Et ton cœur bat à son rythme.
Et tu l'aimes comme une sœur.

Et tu vois les souffrances sans âge.
Les souffrances éternelles
Des errants au dos courbé,
Les semelles de vent,
Bohémiens et juifs errants.
Et ton âme pleure dans les synagogues
Où tant et tant de douleurs ont résonné.

Les peuples errants
Véhiculent l'histoire
Des grands ancêtres.
Vite, il faut les écouter
Afin de ne pas répéter
Les mêmes erreurs.

Le secret est bien simple :
Il suffit d'aimer,
Ouvrir son cœur sans crainte,
Aimer au-delà des peurs.

Ta vie est un mariage d'amour
Entre la Terre et le Ciel.
De cela souviens-toi
Et tu retrouveras le sourire
Car c'est pour cela
Que tu es ici.

Tu alchimises les souffrances.
Tu éclaires les consciences.
Tu guéris avec tes mots.
Tu consoles avec ton cœur
Et tu serres contre toi
Les enfants pleins de larmes.

Dans les villes magiques,
Les grandes souffrances
Ont enfanté
Mille et mille beautés
Car dans les rues d'or
Les poètes ont écrit leurs paroles divines,
Les peintres ont dessiné la beauté,
Les musiciens jouent sur les ponts
Et tu danses sous les étoiles.

L’enseignement du Soleil

Belle âme,

Les voix des ancêtres
Lointaines et étouffées
Te parviennent
Depuis le temps des forêts
Et des pierres sacrées.

Les voix des ancêtres
Ont été brisées et bâillonnées
Car on a cru une autre vérité.

Et pourtant…
Ces voix ont franchi les temps
Et ton âme se souvient de tout
Et ton âme les entend.

Les enseignements sont gravés
Dans nos âmes,
Plus grandes que le temps,
Plus puissantes que le silence.

Les ancêtres te disent :
Viens à la fête de Litha !
Viens danser,

Viens chanter,
Viens célébrer ta joie d'être en vie,
À l'unisson de toute forme de vie !

Le Soleil de Litha
T'enseigne et te révèle
Pourquoi tu es là.

Tu es là pour aimer
Toute forme de vie
Car les fleurs, le vent, le soleil,
L'eau, les montagnes…
Ont besoin de ton amour
Comme on a besoin d'air
Pour respirer.

Alors le Soleil t'appelle
Pour que tu le célèbres
Et que tu danses pour lui,
Pour que ton cœur s'élance vers lui
Et le nourrisse de son amour.

Que ton cœur lui dise merci
Car sans lui tu ne serais pas là !

Et chaque jour, souviens-toi
D'aimer chaque parcelle de vie.

Que ton regard plein d'amour
Se porte sur le monde qui t'entoure :

L'odeur des pins,
Le chant des oiseaux,
Un joli hérisson,

Une minuscule fourmi,
Un papillon coloré,
Les nuages dans le ciel,
Le vent dans les branches…

Aime-les tous
Comme tu chéris ta sœur,
Fille de Litha.

Tu cherches pourquoi tu es là
Et la réponse est si simple !
L'amour est la réponse.
Souffle le souffle de vie
Qui part de ton cœur
Et embrasse toute forme de vie.

Enfants de la Terre-Mère

Belle âme,

Qu'est-ce qui a nourri ton être ?
Sur quel terreau fertile as-tu poussé ?
De quel arbre es-tu le fruit ?

Assieds-toi sur le sol qui te porte
Et demande-toi
De quoi est fait
Le monde qui t'accueille
Depuis ton premier souffle.

Ton enfance fut peut-être bercée
Par le bruit des vagues sur le sable.
Ton enfance fut peut-être rythmée
Par les cris des mouettes
Et des oiseaux des marais.
L'enfant que tu fus
A peut-être été enveloppé
D'un doux ciel gris
Et de chemins ombragés
Qui conduisaient
À la ferme bien-aimée.

À moins que l'enfant en toi
N'ait grandi sous un ciel contrasté,
Parfois illuminé d'un bleu perçant,
Parfois lourd de nuages sombres.
Alors cet enfant a été nourri
Par la lumière éblouissante du lagon.
Tu as couru sur une terre rouge,
Tu as dansé sous la pluie,
Tu as grimpé sur les baobabs
Et le croissant de lune fut pour toi
Un berceau aux couleurs de l'opale.

Il est aussi des enfants
Qui ont grandi au gré des hivers rudes
Et des étés accablants de chaleur.
Ce sont les enfants des montagnes,
Riches de leurs forêts.
Enfants qui ont grandi
À l'ombre des arbres séculaires,
Humant leurs odeurs de mystère,
Écoutant les cigales,
Devinant la présence des renards et des biches,
Portant un regard pur sur le ciel étoilé.
Es-tu ce petit garçon ?

Il est aussi des enfants
Qui furent envahis
Par la grandeur de l'océan furieux,
Se réfugiant dans les tendres collines
Dont les contours maternels
Leur rappelaient les seins de leur mère.
Peut-être es-tu cet enfant
Qui prit dans ses bras
Les troncs des magnolias majestueux,

Ton cœur battant doucement
Au rythme de la sève,
Enfant paisible né sur une terre d'harmonie.
Es-tu cette petite fille ?

Belle âme, je t'invite à oublier ces mots
Et à te poser sur le sol qui est tien
Pour observer ce qui t'entoure
En te demandant
Quel enfant tu es
Et quel lait terrestre t'a nourri.

C'est l'histoire des femmes

Ma chère sœur, ma fille, mon amie, ma mère,

Voici une histoire pour toi.

Tu te souviens de qui tu es.
Ton visage se dessine
Sur l'écran du temps.

Il y a fort longtemps de cela
Tu as vécu en harmonie
Sur une Terre
Faite d'amour et d'équilibre.

On écoutait ta voix
Comme on écoutait
Celle de ton frère.

Puis vint le temps des désaccords.
Trop d'entre vous
Ont perdu leurs repères
Et ont suivi un mauvais chemin.

Ils ont oublié
Leur véritable essence
Et leur cœur s'est éteint.

L’eau a submergé
Leurs corps d’ombre.

Les femmes sont restées
Et ont transmis
Les paroles de sagesse
Qui avaient été sauvées.

Lune après lune,
Elles ont chanté
Pour guérir la Terre blessée.

Lune après lune,
Elles ont transmis
Tous les savoirs
À leurs enfants chéris.

Et puis est venu
Le temps de la revanche,
Le temps de l’ombre
Et du déséquilibre.

On n’entendait plus leurs voix.
Elles se cachaient
Pour transmettre
Leurs connaissances.

Mon amie, ma sœur,
Tu es cette fille
Qui sait tant de choses.
Elles sont gravées
Dans la mémoire de ton âme.

Chante et danse pour les arbres.
Dis aux enfants
Que ce sont des trésors
À la valeur inestimable.

Bientôt reviendra le temps
Où hommes et femmes s'entendront
Et régneront main dans la main.

Mon amie, ma sœur,
Ne perds pas espoir
Et prépare ce temps radieux.

Fais pousser tes rosiers,
Prends bien soin de tes roses.
Enduis ton corps
De cette huile précieuse.

Écoute la voix
De la femme divine en toi.

Enfile ta robe blanche
Et ta ceinture rouge.
Rappelle-toi des chants anciens
Et continue jour après jour
De guérir les cœurs malades,
Sans jamais désespérer
Ni oublier qui tu es.

Les étoiles éclairent
Ton chemin
Et ouvrent la voie
Aux enfants
Qui ont tout en eux.

Prends-les dans tes bras
Et offre-leur ton amour
Pour que naisse en eux
La graine d'un cœur guéri.

L'arbre aux sorcières

La poésie est le chant de la Terre,
Ses prêtresses vivent toujours.
Jadis leurs voix se sont tues,
Muselées par la peur et la haine.

Mais dans le silence de la nuit,
Les mains jointes sur leur cœur,
Elles n'ont jamais cessé de chanter
Pour guérir les hommes et la Terre.

Je me souviens et je chante pour vous,
Vous les femmes,
Les dites sorcières
Du village de Zugarramurdi.

Arbre millénaire, toi qui les protégeas,
Plantes, vous qui guérissez les corps,
Fleurs, vous qui guérissez les âmes,
Je chante pour vous.

Un chant fait d'amour et de pardon,
Un chant fait de paix et de renaissance.

Toi, l'arbre millénaire
Et vous, âmes des dites sorcières,
Ne pleurez plus !

Retrouvez l'espoir et la joie
Car nous sommes revenues
Et nous nous souvenons.

Nous chantons pour guérir l'âme du monde.
Les enfants jouent dans tes branches.
Nous leur racontons votre histoire.

Et nous,
Filles de la Lune et de la Terre,
Filles de la Vierge noire et de la Vierge blanche,
Filles de Marie Madeleine et de Marie,
Nous nous souvenons.

Et nous chantons votre mémoire
Afin de vous rendre votre place
Dans le cœur de ceux qui aiment
Et d'apaiser vos âmes en peine.

Ponts de lumière

Quelque part sur la Terre
Ils sont venus de rivages lointains
Et nos âmes se sont reconnues.

Notre langage est le même.
C'est le langage du cœur
Et nous avons partagé
Des mots d'amour
Pour notre Mère à tous.

Mère cosmique
Et Mère intérieure,
Nous ne t'avons pas oubliée
Et nous t'avons honorée.
Tu bats dans nos cœurs.

Nous avons appris
Au cœur des paroles d'or.
Un autre langage se dessinait,
C'était celui de l'âme.

Nous avons nourri
L'arbre de Vie.
Nous avons compris
Qui nous étions,
Aidés par les ancêtres présents.

Nous avons enlevé nos masques
Et laissé nos larmes couler
Car une conscience nous unit :
C'est celle des souffrances
De nos frères et de leurs ancêtres.

Nous ne pourrons jamais
Réparer les cœurs blessés.
Nous ne pouvons pas
Être d'autres que nous.
Et nous devons porter le legs
De violence et de sang,
De haine et de domination,
Des hommes qui piétinent
Notre si chère Terre.

Mais nous les femmes,
Nous berçons dans nos bras
Les frères et sœurs meurtris
Comme notre Mère à tous
Le fait
Avec tous ses enfants bénis.

Ensemble, nous formons
Un pont de lumière
Qui donne de l'amour
Aux uns et aux autres,
À notre Mère chérie
Et à ses enfants adorés.

Une jeune voix s'est élevée
Dans le silence des hommes.
Elle était gracieuse et douce,
La jeune fille venue parler.

Et l'eau fraîche de ses mots justes
Nous a fait pleurer.

Et quand les voix se sont tues
L'eau du ciel est venue
Sur la terre sèche de Provence.
L'eau est venue
Telle une bénédiction.

En rêve, nous retrouvons nos amis
Car l'âme parle aussi ce langage,
Ainsi nous nous sentons moins seuls.

Ressourcés de rires et de danses,
Nous regardons les étoiles.
Nous savons d'où nous venons.
Nous connaissons le secret
De nos racines stellaires.

Mais désormais
La paix est dans notre cœur.
Nous délogeons
La nostalgie et la solitude
Pour aimer nos racines terrestres.
Car nous sommes aussi faits
De terre et d'eau,
De vent et de feu,
De sang et d'amour.

Pleine Lune des Moissons

Ma sœur,

Le temps est venu
De te souvenir
De ta vraie nature de femme.

Tu es la douceur et la force,
La grandeur et la sagesse.
Chaque mois ton corps
Se purifie,
Te rapprochant
De ton Être véritable.

Cette nuit,
Contemple le reflet
De Sœur Lune
Dans l'étang qui miroite.

Chaque vie
Est une succession de cycles
Où tu continues
De laver tes mémoires.

Demande à ta Sœur Lune
De nettoyer tes mémoires
Et d'aider tes ancêtres femmes
À faire de même.

Que les anciennes souffrances,
Chagrins et fardeaux
Soient emmenés par l'eau de la Lune
Et transmutés par notre Terre-Mère,
Qui fera pousser de belles fleurs
Dans un terreau fertilisé
Par nos larmes et par l'eau de lune.

Tu peux compter sur elle
Et te souvenir
De ta vraie nature
En te rapprochant des éléments.

Ferme les yeux.
Écoute la Terre et la Lune.
Qu'ont-elles à te dire ?

Et toi ?
Chante pour elles
Le chant de la joie
D'être née femme,
Fille de la Terre et de la Lune.

Berce sur ton cœur
Les ancêtres souillées
Par ceux qui se croient forts
Mais qui sont bien faibles.

Demande à ta Sœur Lune
De laver les taches,
D'emporter les mémoires salies
Et d'éveiller la vraie mémoire,
Celle qui sait
Que tu es un être pur
Et que rien ne peut te souiller.

Celui qui a une âme malade
Brandit un faux miroir
Et tu crois voir ton reflet
Alors que c'est son visage grimaçant
Qui s'y trouve.

Ne supportant pas
Ce visage fait d'ombre et de mal,
Il saisit son miroir
Et il te dit que c'est toi.

Mais tout ceci
N'est qu'illusion.
L'âme malade et faible
Qui se nourrit d'ombre et de mal
Ne peut supporter son vil reflet.

Que la colère de la tromperie
Et du tort immense
Causé à ta lignée de femmes
Cesse aujourd'hui,
Lavée par l'eau de la Lune !

Puis belle âme,
Il sera temps pour toi
De serrer sur ton cœur
Cousines, nièces, filles, mères,
Tantes, aïeules, sœurs,
Et de récolter la moisson
Du travail de libération.

Ainsi ma chère sœur,
Forte de ton savoir,
Ton âme à jamais guérie,
Ta grandeur restaurée,

Ton intégrité sauvée,
Tu pourras de nouveau
Te tourner vers tes frères
Et voir dans leur cœur
La flamme d'un amour timide
Qui ne demande qu'à brûler.

Demande à ta Sœur Lune
De les aider à guérir
Leurs âmes elles aussi abîmées
Par les âmes sombres
Qui sèment le chaos et le doute
Dans les esprits immatures,
Les poussant ainsi
À voir dans l'étang lunaire
La vérité de leur Être.

Les cadeaux de la Terre

Belle âme,

Souviens-toi avec amour,
Des cadeaux de la Terre.

Sur l'île des femmes,
Ton âme se réfugie,
Tes sens se gorgent
De soleil, de chaleur,
De parfums, de couleurs
Et de chants.

Sur l'île des femmes,
Tu as entendu
Le langage des animaux
Et le doux océan
T'a nourri de sa tendresse.

Sur l'île des femmes,
Les baleines enfantent
Dans le lagon matriciel
Et les femmes dansent
Offrant à la Terre
Leur beauté et leur force.

Et l'île des femmes,
Même si loin,
Même dans tes rêves,
Continue de t'offrir ses soins
Et de guérir tes blessures.

Elle t'a appris,
Cette terre rouge couleur des lunes,
Le lien sacré entre femme et lune.
Elle t'a appris
Ta grandeur de femme
Née du voyage osé.

Et à ton tour
Tu as offert
À tes aïeules
Le vaste horizon
Des rêves illimités.

Tu leur as offert
Les limites abolies,
Le droit d'être soi,
Les projets les plus fous,
La joie d'être en vie
Dans ce corps de femme
Désormais sans frontières.

Et ta grand-mère chérie
A pris dans ses bras
Tes enfants,
Déployant leurs ailes
Sur la douce terre
De l'île des femmes.

Ici bat le cœur
De Terre-Mère.
Ici son amour
Est à portée de main.

Et le fier baobab
T'offre sa graine et son fruit.
Il te dit
Que tu es légitime.

Il te dit
Que toi, femme,
Tu peux rêver grand
Et ne pas te limiter
Car aujourd'hui
Tout est possible
À celles qui croient en elles
Et voient leur visage divin.

Et dans ton cœur
Tu sens l'amour du baobab.
Et dans ton ventre, tu sens
Sa graine qui pousse
Faisant naître
Tes projets les plus grands.

Et alors avec cette Terre
Qui t'aime
Et que tu aimes,
Tu offres à toutes les mères
La possibilité
De vivre leurs rêves,
Sans que quiconque
Ne vienne couper leurs ailes
Et les enfermer dans leurs maisons.

Car les femmes sont
Qui elles veulent
Et l'intelligence de ta mère
Flamboie dans tes veines
Tandis que tu brises les chaînes
D'une société qui t'enferme.

Tu fais de ton mieux
Pour montrer à ta fille
Le chemin de la liberté
Et des rêves les plus fous,
Le chemin de l'accomplissement,
Dans la légitimité
De sa force féminine.

Mais n'oublie pas, belle âme,
D'offrir en retour,
À la Terre,
À l'île bien-aimée,
Au baobab,
Aux femmes de ce monde,
Ta reconnaissance et tes mots.

Table des matières

Imprimé en Allemagne
Achevé d'imprimer en juillet 2023
Dépôt légal : juillet 2023

Pour

Le Lys Bleu Éditions
40, rue du Louvre
75001 Paris

ncontent.com/pod-product-compliance
ource LLC
V
18160826
/00014B/2740